Anne Strauch, Stefanie Jütten, Ewelina Mania

Kompetenzerfassung in der Weiterbildung
Instrumente und Methoden situativ anwenden

Perspektive Praxis

Eine Buchreihe des Deutschen Instituts für Erwachsenenbildung (DIE)

Die grüne Reihe des DIE stellt Fachkräften in der Erwachsenenbildung bewährtes Handlungswissen, aktuelle Themen, innovative Methoden und neue Arbeitsfelder vor. Die Bände sind aus der Perspektive des Handlungsfelds konzipiert und vermitteln verwendungsbezogenes Wissen und Handlungssicherheit in Problem- und Entscheidungssituationen. Ziel ist es, die professionell Handelnden in der Praxis zu fördern und zu unterstützen und so zur Kompetenz- und Qualitätsentwicklung beizutragen.

Wissenschaftliche Betreuung der Reihe am DIE: Dr. Thomas Jung

Bisher in der Reihe Perspektive Praxis erschienene Titel:

Jörg Knoll
Lern- und Bildungsberatung
Bielefeld 2009, ISBN 978-3-7639-1956-7

Beate Braun, Janine Hengst,
Ingmar Petersohn
Existenzgründung in der Weiterbildung
Bielefeld 2008, ISBN 978-3-7639-1959-8

Horst Siebert
Methoden für die Bildungsarbeit
3. akt. und überarbeitete Auflage,
Bielefeld 2008, ISBN 978-3-7639-1957-4

Klaus Pehl
**Strategische Nutzung statistischer
Weiterbildungsdaten**
Bielefeld 2007, ISBN 978-3-7639-1925-3

Wolf-Peter Szepansky
Souverän Seminare leiten
Bielefeld 2006, ISBN 978-3-7639-1935-2

Matilde Grünhage-Monetti (Hrsg.)
**Interkulturelle Kompetenz in
der Zuwanderungsgesellschaft**
mit CD-ROM
Bielefeld 2006, ISBN 978-3-7639-1920-8

Stephan Dietrich, Monika Herr
Support für Neue Lehr- und Lernkulturen
mit DVD
Bielefeld 2005, ISBN 978-3-7639-1916-1

Heidemarie Kullmann, Eva Seidel
Lernen und Gedächtnis im Erwachsenenalter
2. akt. und überarbeitete Auflage,
Bielefeld 2005, ISBN 978-3-7639-1915-4

Hannelore Bastian, Ekkehard Nuissl,
Klaus Meisel, Antje von Rein
Kursleitung an Volkshochschulen
2. akt. und überarbeitete Auflage,
Bielefeld 2004, ISBN 978-3-7639-1895-9

Weitere Informationen zur Reihe unter
www.die-bonn.de/pp

Bestellungen unter
www.wbv.de

Perspektive Praxis

Anne Strauch, Stefanie Jütten, Ewelina Mania

Kompetenzerfassung in der Weiterbildung

Instrumente und Methoden situativ anwenden

Herausgebende Institution
Deutsches Institut für Erwachsenenbildung – Leibniz-Zentrum für Lebenslanges Lernen

Das Deutsche Institut für Erwachsenenbildung (DIE) ist eine Einrichtung der Leibniz-Gemeinschaft und wird von Bund und Ländern gemeinsam gefördert. Das DIE vermittelt zwischen Wissenschaft und Praxis der Erwachsenenbildung und unterstützt sie durch Serviceleistungen.

Lektorat: Thomas Jung/Christiane Barth

Wie gefällt Ihnen diese Veröffentlichung? Wenn Sie möchten, können Sie dem DIE unter **www.die-bonn.de** ein Feedback zukommen lassen. Geben Sie einfach den Webkey **43/0034** ein. Von Ihrer Einschätzung profitieren künftige Interessent/inn/en.

Bibliografische Information der Deutschen Nationalbibliothek
Die Deutsche Nationalbibliothek verzeichnet diese Publikation in der Deutschen Nationalbibliografie; detaillierte bibliografische Daten sind im Internet über http://dnb.d-nb.de abrufbar.

Verlag:
W. Bertelsmann Verlag GmbH & Co. KG
Postfach 10 06 33
33506 Bielefeld
Telefon: (0521) 9 11 01-11
Telefax: (0521) 9 11 01-19
E-Mail: service@wbv.de
Internet: www.wbv.de

Bestell-Nr.: 43/0034

© 2009 W. Bertelsmann Verlag GmbH & Co. KG, Bielefeld
Umschlagfoto: panthermedia.net
Umschlaggestaltung und Satz: Christiane Zay, Bielefeld
Herstellung: W. Bertelsmann Verlag, Bielefeld
ISBN 978-3-7639-1974-1 (Print)
ISBN 978-3-7639-1973-4 (E-Book)

Mix
Produktgruppe aus vorbildlich bewirtschafteten Wäldern und anderen kontrollierten Herkünften
www.fsc.org Zert.-Nr. IMO-COC-026041
© 1996 Forest Stewardship Council

Inhalt

Vorbemerkungen

Kompetenzerfassung ist ein zentrales Thema in der bildungspolitischen, der wissenschaftlichen und der bildungspraktischen Diskussion. Vielfältige Initiativen widmen sich auf allen Ebenen diesem Thema: International vergleichende Untersuchungen wie PISA, TIMMS und demnächst PIAAC bestimmen die Schlagzeilen; der Europäische Qualifikationsrahmen ist in einen Deutschen Qualifikationsrahmen umgesetzt worden und wird zurzeit erprobt; zahlreiche Pass- und Portfolioinitiativen versuchen, Kompetenzen bewusst bzw. sichtbar zu machen; die Leistungen von Studierenden und Auszubildenden werden über europaeinheitliche Punktesysteme (ECTS bzw. ECVET) vergleichbar gemacht.

Neben diesen aktuell exponierten Ansätzen gibt es vielfältig praktizierte Formen der Anerkennung informell erworbener Kompetenzen. Zu erwähnen sind zum Beispiel die Möglichkeiten einer Verkürzung der Ausbildungs- bzw. Umschulungszeit bei vorliegender einschlägiger Berufserfahrung, die Zulassung zu Prüfungen und Bildungsgängen, wenn eine einschlägige Vorbereitung bzw. auch Erfahrungen glaubhaft gemacht werden können, oder der Wegfall von Qualifizierungsteilen, wenn diese schon auf anderen Wegen angeeignet worden sind. Im Regelfall handelt es sich bei diesen Anerkennungen um Entscheidungen im pflichtgemäßen Ermessen der zuständigen Stellen. Der Durchlauf durch einen Bildungsgang mit anschließender regulärer Prüfung bleibt vorerst der Königsweg des Zertifikaterwerbs.

Ein Bereich greift auch heute schon in hohem Maße auf den „Schatz" informell erworbener Kompetenzen zurück: die Betriebe. Die Methoden, die zum „Aufspüren" benutzt werden, sind vor allem Assessments und die Arbeitserprobung. Dabei wird versucht, Bewerberinnen und Bewerber um eine Stelle oder einen Ausbildungsplatz anforderungsgerechten Tests auszusetzen, um so eine vergleichsweise genaue Prognose über das spätere Verhalten am Arbeitsplatz zu ermöglichen. Die Kandidaten zeigen in den Testsituationen das ganze Spektrum verfügbarer Kompetenzen und liefern somit den Personalverantwortlichen Informationen, die weit über das hinausgehen, was die Auswertung von Zeugnissen und Zertifikaten bieten kann.

Derartige Assessments werden vermutlich in Zukunft auch verstärkt von Individuen nachgefragt werden, die ihre vorhandenen und erkannten Kompetenzen schon im Vorfeld von potenziellen Verwendungssituationen extern feststellen und ggf. auch zertifizieren lassen möchten. Damit öffnet sich für alle Bildungseinrichtungen, im Besonderen auch für Weiterbildungseinrichtungen, ein neues Geschäftsfeld, welches neben dem Angebot von Lehrgängen und Seminaren Aufmerksamkeit beansprucht.

Vor dem Hintergrund dieser vielfältigen Aktivitäten und Initiativen will das Deutsche Institut für Erwachsenenbildung – Leibniz-Zentrum für Lebenslanges Lernen (DIE) dieses Themenfeld sowohl aus bildungspraktischer als auch aus wissenschaftlicher Sicht verstärkt bearbeiten, um Anschluss an den Forschungsstand zu halten, um die Praxis mit wissenschaftlich fundierten Verfahren zu versorgen, um die Besonderheiten der Weiterbildung in die allgemeine Kompetenzdiskussion einzubringen und um selbst gestaltend in den Bildungssektor übergreifend geführten Diskurs eingreifen zu können. Dieser Anspruch speist sich auch aus einer Forschungs- und Servicetradition des DIE, die bis in die Gegenwart hinein mit einschlägigen Forschungs- und Praxisprojekten aufwarten kann. Zu erinnern ist in diesem Zusammenhang exemplarisch an die Entwicklung von Zertifikatskursen in den 1970er und 1980er Jahren (vgl. z.B. Pehl 1983; Tietgens/Hirschmann/Bianchi 1974), an die Rolle als Prüfungszentrale, an die Entwicklung, Erprobung und Einführung des ProfilPASSes (vgl. z.B. DIE/DIPF/IES 2006), an die Projekte zur Kompetenzentwicklung (vgl. z.B. Käpplinger/Reutter 2005) und an die Vorarbeiten zu PIAAC in den vergangenen beiden Jahren (vgl. z.B. Gnahs 2006).

Die breit geführte Kompetenzdebatte wirft verstärkt auch die Frage auf, inwieweit die am Ende organisierter Lernprozesse im Regelfall erfolgende Leistungsüberprüfung in Form von Tests, Prüfungen oder Assessments zu zutreffenden Ergebnissen führt. Im Besonderen wird im Zusammenhang mit der Qualitätsdiskussion in der Weiterbildung der nachgewiesene Lernerfolg als Erfolgskriterium gewertet.

Vor diesem Hintergrund stellen sich die folgenden Fragen:

o Welche Annahmen über gelingendes Lernen hat die Weiterbildungs-praxis?

o Welche Methoden zur Überprüfung der Lernleistung werden in der Weiterbildungspraxis zum Einsatz gebracht?

o Welche themen- bzw. fachbereichsspezifischen Unterschiede lassen sich feststellen?

o Welche institutionellen und gruppenbezogenen Interessen liegen den jeweils spezifischen Ansätzen zugrunde? Welche Interessengegensätze werden ggf. deutlich?

o Mit welchen (Alltags-)Theorien wird der Einsatz spezieller Testverfahren begründet?

o Welche Annahmen über die Messgenauigkeit bestehen? Gibt es in dieser Hinsicht themen- oder einrichtungsspezifische Unterschiede?

o Wo werden Verbesserungsnotwendigkeiten und Schwachstellen gesehen?

Das vorliegende Buch versteht sich in diesem Zusammenhang zuerst einmal als Praxishilfe, indem es zahlreiche Methoden zur Kompetenzerfassung vorstellt und zur Nachahmung anregt. Der theoretische Vorlauf wird bewusst knapp gehalten und beschränkt sich auf das absolut Notwendige. Zahlreiche Literaturhinweise ermöglichen bei Bedarf die vertiefende Lektüre von Texten zur wissenschaftlichen Kompetenzdiskussion.

Hervorzuheben ist allerdings, dass die diagnostische Kompetenz Teil der weiterbildnerischen Professionalität ist. In diesem Sinne ist sie auch in der Vergangenheit schon immer mit erwähnt worden, hat aber nie die Beachtung gefunden, die ihr eigentlich gebührt. Das Bewerten und Beurteilen von Leistungen von Teilnehmenden ist in der beruflichen Weiterbildung eine Standardleistung, in der allgemeinen Weiterbildung bzw. Erwachsenenbildung jedoch eher ein Bereich, der mit Skepsis und teilweise sogar mit offener Ablehnung betrachtet wird. Gerade auch für diese Skeptiker sollen Brücken zu einer pragmatischen und handhabbaren Kompetenzerfassung geschlagen werden, die durchaus auch für die meisten Teilnehmenden von Nutzen und sogar gewünscht sein dürfte.

Den Autorinnen ist zu bescheinigen, dass sie mit großem Engagement einen gut lesbaren Text geschrieben haben, der sich zuallererst an den Praxisbedürfnissen ausrichtet. Ich bin sicher, dass die Weiterbildnerinnen und Weiterbildner neugierig gemacht werden und das eine oder andere Verfahren seine praktische Anwendung finden wird. Damit hätte das Buch sein Ziel schon erreicht.

Dieter Gnahs
Deutsches Institut für Erwachsenenbildung –
Leibniz-Zentrum für Lebenslanges Lernen (DIE)

1. Einleitung

Zur Erforschung der Wahrheit bedarf es notwendig der Methode.
René Descartes, *Regeln zur Leitung des Geistes*

Was ist eine Kompetenz? Was bedeutet das Konzept Kompetenzentwicklung für die Bildungspraxis? Was ist Kompetenzerfassung? Warum sollen Weiterbildnerinnen und Weiterbilder Kompetenzen erfassen und was müssen sie dafür können? Welche Methoden der Kompetenzerfassung gibt es? Wie werden sie angewandt? – Dies sind nur einige Fragen, die Praktiker in der Weiterbildung derzeit beschäftigen.

Der „Kompetenzgeist" geht schon seit Längerem um. Kaum ein neueres Buch, kaum eine aktuelle Zeitschrift, kaum ein Ratgeber kommt ohne den Kompetenzbegriff aus. Weiterbildnerinnen und Weiterbildner werden allerorts zunehmend damit konfrontiert, dass sie Kompetenzen entwickeln, erfassen, messen oder belegen sollen. Theoretische Abhandlungen in diesem Themenbereich scheinen nicht abzureißen. In diesem Buch werden wir uns den oben genannten Fragen ganz pragmatisch widmen und sie, orientiert an der Weiterbildungspraxis und am Tätigkeitsspektrum von in der Weiterbildung Tätigen, beantworten.

Die Aktualität der Themen Kompetenzentwicklung und -erfassung hat bildungspolitische Gründe. Deutschland wird als „Wissensgesellschaft" verstanden, in der Bildung als hohes Gut mit Zukunftscharakter gilt. Bildungskonzeptionen kommt ein hoher Stellenwert zu, wobei sich der Fokus verschoben hat: An die Stelle des „Inputs", also einer Orientierung auf Curricula, Lernstoff und -methoden, ist nunmehr die Orientierung auf den „Output", also die konkreten Lernergebnisse, getreten. Hintergrund dieser Entwicklung ist die Fokussierung auf veränderte Lernprozesse in den Lebens- und Arbeitswelten der Menschen und die daraus folgenden, immer komplexer werdenden Anforderungen an jeden Einzelnen. Man geht davon aus, dass einmal erworbene Qualifikationen schneller veralten und dass es daher für jeden Einzelnen notwendig ist, unter dem Stichwort „Lebenslanges Lernen" über die gesamte Lebensspanne hinweg zu lernen und neue Fähigkeiten zu erwerben. Für die Weiterbildung ergeben sich hieraus Anforderungen, Lebenslanges Lernen zu unterstützen, (selbstorganisierte) Lernprozesse zu fördern und Lernergebnisse zu erfassen.

Im Zuge der Orientierung am Paradigma des Lebenslangen Lernens hat auch der Begriff „Kompetenz" in den letzten Jahren einen erheblichen Bedeutungszuwachs erfahren und ist zum Schlüsselbegriff der politischen, wirtschaftlichen und bildungspraktischen Diskussion geworden. Eine Vielzahl von Projekten widmete sich der Frage, was der Vorteil einer Hinwendung zum „Kompetenz"-Begriff im Gegensatz zu dem der „Qualifikation" ist, wie Kompetenzen sich entwickeln und Kompetenzentwicklung gefördert werden kann. Und nicht zuletzt geht es um die Frage, wie denn die nunmehr entwickelten Kompetenzen erfasst und dokumentiert werden können. Mittlerweile gibt es eine große Anzahl von Kompetenzerfassungsinstrumenten, die entwickelt und auf ihre Praktikabilität überprüft worden sind (vgl. Erpenbeck/v. Rosenstiel 2003; Gnahs 2007).

Auch die Vielzahl von Forschungsprojekten zur Kompetenzentwicklung und -erfassung, die in der jüngeren Vergangenheit durchgeführt wurden, macht die Relevanz des Themas vor allem im Bereich der schulischen und beruflichen Bildung, aber auch für den Weiterbildungsbereich deutlich. Zu nennen sind hier vor allem das Schwerpunktprogramm „Kompetenzmodelle zur Erfassung individueller Lernergebnisse und zur Bilanzierung von Bildungsprozessen" des Senats der Deutschen Forschungsgemeinschaft (DFG), die Entwicklung eines Nationalen Qualifikationsrahmens (NQR) sowie eine Vielzahl von Projekten, die aus Mitteln des Bundesministeriums für Bildung und Forschung (BMBF) und des Europäischen Sozialfonds gefördert worden sind.

An vielen Stellen wird von den in der Weiterbildung Tätigen eine Bezugnahme auf das Paradigma des Lebenslangen Lernens gefordert. So sollen in der Praxis etwa „neue Lernkulturen" entwickelt oder „selbstgesteuerte" und „selbstorganisierte" Lernprozesse Erwachsener unterstützt und gefördert werden. Lernen ist heute nicht mehr auf eine abgeschlossene Lebensphase begrenzt. Es wird vielmehr begriffen als ein stetiger Prozess, in dem die Weiterbildung eine Rolle spielt und in dem auch Ihnen als Weiterbildnerin und Weiterbildner eine veränderte Rolle zugeschrieben wird. Das heißt, Sie müssen sich selbst dieser Rolle bewusst werden – und mithin auch der „Kompetenzen", die Sie für die Ausübung dieser Rolle benötigen.

Im Rahmen der eher wissenschaftlichen Debatte um die Professionalisierung des Weiterbildungspersonals wird derzeit über die neuen Aufgaben und die damit verbundenen Kompetenzen der in der Weiterbildung Tätigen, insbesondere der Lehrenden, diskutiert. Selbst wenn es schwierig ist, ein einheitliches Kompetenzprofil für Weiterbildner zu erstellen, so herrscht doch Konsens darüber, dass im Zuge von bildungspolitischen Änderungen im Rahmen von Beratung, Einstufung, Lernfortschritts- und Erfolgskontrolle und Prüfung auch und gerade die Erfassung von Kompetenzen zu den zentralen Aufgaben der in der Weiterbildung Tätigen gehört.

Für die Erfassung der Kompetenzen ihrer Teilnehmenden benötigen Weiterbildner fundierte diagnostische Fähigkeiten und ein möglichst breites Spektrum an Erfassungsinstrumenten. Dieses Buch gibt Ihnen, liebe Leserinnen und Leser, zunächst einmal einen Einblick in die „Kompetenzdebatte" sowie in einige Aspekte der Kompetenzentwicklung im Zuge neuer Lernkulturen. Darüber hinaus stellen wir Ihnen Methoden und Instrumente der Kompetenzerfassung vor und diskutieren die in unterschiedlichen Bereichen und Situationen dafür benötigte diagnostische Kompetenz.

Das Kapitel 2 gibt eine Einführung in die theoretischen Voraussetzungen der aktuell geführten Kompetenzdebatte, wobei insbesondere auf die grundlegende Terminologie und das Konzept der Kompetenzentwicklung eingegangen wird. In Kapitel 3 werden die Bereiche und Ziele der Kompetenzerfassung beschrieben. In Kapitel 4 wird die Diskussion des Professionalitätsbegriffs in der Weiterbildung skizziert. Daran anschließend werden die Anforderungen beschrieben, die sich mit der Kompetenzerfassung an die Weiterbildner verbinden. Hierfür werden die verschiedenen Elemente der diagnostischen Kompetenz erläutert. In Kapitel 5 wird zuerst ein Einblick in die Methodendiskussion gegeben. Daran schließt sich eine systematische Darstellung mehrerer beispielhafter Kompetenzerfassungsmethoden an. Die mit dem Symbol ⊕ gekennzeichneten Checklisten stehen zum Download zur Verfügung und können gegebenenfalls den eigenen Bedürfnissen angepasst werden (→ www.die-bonn.de/1974/bonus). Zahlreiche Praxisbeispiele,

Checklisten und Visualisierungen sollen Ihnen helfen, die vorgestellten Instrumente in der Praxis anzuwenden.

Die Grundlagen für dieses Buch stammen aus dem Forschungsprojekt „Kompetenzmessung in der Weiterbildung" (KOMMESS), das am Deutschen Institut für Erwachsenenbildung – Leibniz-Zentrum für Lebenslanges Lernen (DIE) durchgeführt wurde. Viele der hier beschriebenen Ideen, Konzepte und Erfahrungen entstammen empirischen Untersuchungen, in deren Rahmen Praktiker aus verschiedenen institutionellen und thematischen Bereichen der Erwachsenen/Weiterbildung befragt wurden.

Nun wünschen wir Ihnen viel Spaß bei der Lektüre und viel Erfolg bei der Anwendung der Kompetenzerfassungsinstrumente in Ihrer ganz konkreten „Wirklichkeit".

2. Kompetenzen und Kompetenzentwicklung

2.1 Zum Begriff der Kompetenz

Der Begriff „Kompetenz" ist in vielen Bereichen der Bildung seit einigen Jahren in aller Munde. Er ist zum Schlüsselbegriff der erziehungswissenschaftlichen, bildungspolitischen und -praktischen Diskussion geworden. In der Erwachsenenbildung wurde „Kompetenzentwicklung" sogar als „Begriff des Jahres 2001" bezeichnet und hat den bisher populären Begriff „Schlüsselqualifikation" abgelöst (Nuissl/Schiersmann/Siebert 2002b, S. 5). Die Konjunktur des Begriffs wird meist mit den Veränderungen in der Arbeitswelt und den daraus folgenden, immer komplexer werdenden Anforderungen an die Menschen in der sogenannten Wissensgesellschaft begründet. Das Konzept der Kompetenz verspricht eine „Verknüpfung von wirtschaftlichen und pädagogischen Maßstäben, von Alltagslernen und institutionalisierter Weiterbildung, von Erfahrungswissen und wissenschaftlichem Wissen, von Kennen und Können, von Bedarfen und Bedürfnissen" (ebd.).

Trotz des geradezu inflationären Gebrauchs besteht aber kein Konsens darüber, was genau unter dem schillernden Wort „Kompetenz" verstanden wird. Das liegt zum Teil an den unterschiedlichen Wurzeln des Begriffs, die u.a. in der Linguistik, in der Psychologie und in der Berufspädagogik verortet sind.

Auch wenn der Begriff bisher nicht einheitlich verwendet wird, so lassen sich doch folgende Merkmale festhalten, die den Kern von Kompetenz ausmachen – und gleichzeitig den Unterschied zu verwandten Begriffen wie „Qualifikation" oder „Bildung" markieren (vgl. Kaufhold 2006; Schiersmann 2007):

o **Subjektorientierung:** Im Zentrum des Kompetenzbegriffs steht das Individuum mit seinen persönlichen Interessen, Bedürfnissen und Eigenschaften. Demgegenüber bezieht sich der Begriff „Qualifikation" auf die Erfüllung spezifischer gesellschaftlicher Anforderungen.

o **Handlungsorientierung:** In Abgrenzung zum Qualifikationsbegriff bezieht sich „Kompetenz" stärker auf solche Dispositionen, die kompetentes Handeln bedingen. Es geht also darum, nicht nur Wissen zu vermitteln, sondern die Lernenden dazu zu befähigen, das Gelernte in konkreten Situationen anwenden zu können. Kompetenz wird als Potenzial verstanden, das nicht direkt beobachtbar ist und nur indirekt über das konkrete Handeln, das oft als „Performanz" bezeichnet wird, erschlossen werden kann.

o **Ganzheitlichkeit:** Während der Kompetenzbegriff ähnlich wie der Begriff „Bildung" neben Wissen (Kenntnis von Fakten und Regeln) und Fertigkeiten (z.B. handwerkliches Geschick, Beherrschung von „Techniken") auch non-kognitive Elemente wie Werte (Haltungen und Einstellungen), Motivationen (Anreize, Wünsche und Interessen) oder Persönlichkeitseigenschaften (z.B. Gewissenhaftigkeit oder Offenheit) berücksichtigt, konzentriert sich „Qualifikation" eher auf kognitive Aspekte und fachliche Anforderungen.

o **Selbstorganisationsfähigkeit:** Der Kompetenzbegriff betont die Selbstorganisation des Handelns, wohingegen der Begriff „Qualifikation" eher die Fremdorganisation des Lernens impliziert.

o **Einbeziehung informeller Lernprozesse:** „Kompetenz" umfasst alles das, was ein Mensch tatsächlich kann und weiß – unabhängig davon, in welchen Zusammenhängen die Kompetenzen erworben wurden. Daher wird auch informellen Lernprozessen grundsätzlich große Bedeutung beigemessen.

o **Offene Normativität:** Der Begriff „Bildung" verweist im Gegensatz zum Kompetenz-Begriff auf eine bestimmte Wertebasis, d.h. auf ein normatives Menschenbild, welches durch Ideale wie Mündigkeit, Partizipation und Emanzipation geprägt ist. Dieser übergeordnete kulturelle und gesellschaftliche Anspruch fehlt dem Kompetenzbegriff. Allerdings werden Normen auch beim Begriff der Kompetenz nicht völlig vernachlässigt, sie müssen jedoch erst ausgehandelt und definiert werden.

Vor dem Hintergrund der oben angeführten Merkmale schlagen wir in Anlehnung an die von der OECD (2003) lancierte Definition folgende Beschreibung des Begriffs vor:

DEFINITION

Kompetenz ist die Fähigkeit bzw. das Potenzial zur erfolgreichen Bewältigung komplexer Anforderungen in spezifischen Situationen. Kompetentes Handeln schließt einen angemessenen Einsatz von Wissen und Fertigkeiten sowie Werten, Motivationen und Persönlichkeitseigenschaften des Individuums ein und wird durch äußere Umstände und Rahmenbedingungen einer Situation beeinflusst.

Die folgende Abbildung 1 veranschaulicht nochmals die wichtigsten Elemente des Kompetenzbegriffs und verdeutlicht die Zusammenhänge zwischen Kompetenz als „Potenzial", der konkreten Situation und kompetentem Handeln als „Performanz".

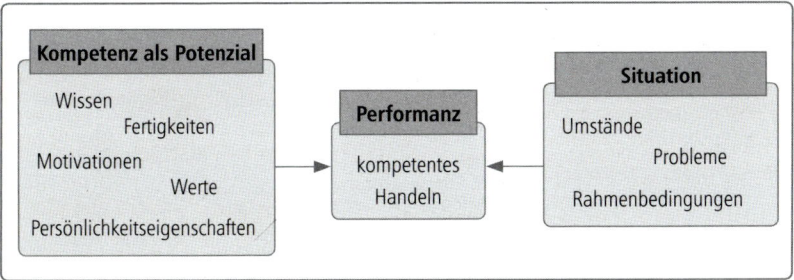

Abbildung 1: Kompetenz und kompetentes Handeln (in Anlehnung an Gnahs 2007)

Häufig wird zwischen folgenden **vier Arten von Kompetenzen** unterschieden (vgl. Gnahs 2007):

o   Fachkompetenzen,
o   Sozialkompetenzen,
o   Methodenkompetenzen,
o   personale Kompetenzen.

Fachkompetenzen beziehen sich auf spezialisierte und eingegrenzte Kenntnisse in einem oder mehreren Gebieten, während es sich bei den weiteren drei Arten um überfachliche Kompetenzen handelt, also allgemeine Fähigkeiten, die oft auch als „metafachliche" Kompetenzen oder „Schlüsselkompetenzen" bezeichnet werden. So gesehen umfassen **Sozialkompetenzen** allgemeine Fähigkeiten, wie zum Beispiel Teamfähigkeit, Konfliktfähigkeit oder Kommunikationsfähigkeit, während sich **Methodenkompetenzen** unter anderem auf Kenntnis und Anwendung von Problemlösungstechniken oder Präsentationsmethoden beziehen. Demgegenüber umfassen **personale Kompetenzen** Fähigkeiten wie Zeitmanagement, Organisationsfähigkeit, Belastbarkeit oder Selbstständigkeit.

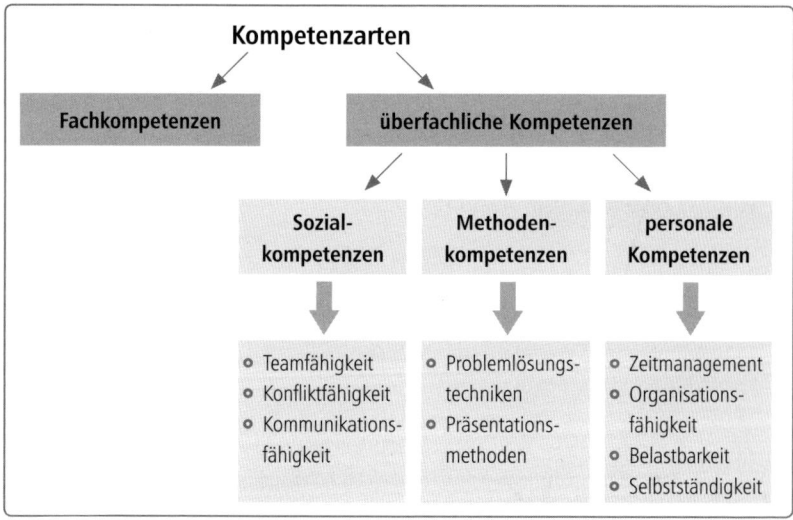

Abbildung 2: Kompetenzarten (eigene Darstellung)

2.2 Kompetenzentwicklung: Neue Lehr- und Lernkulturen

Bei der Konjunktur des Leitbegriffs „Kompetenz" handelt es sich keineswegs nur um eine neue Begriffsmode oder eine akademische Debatte. Aus den Merkmalen von Kompetenz werden vielmehr weitreichende Folgen für die Weiterbildungspraxis und die Arbeit des Weiterbildungspersonals abgeleitet, wobei eine „kompetenzorientierte Wende" ausgerufen worden ist. Selbststeuerung, Selbstbestimmung und Selbstorganisation von Lernprozessen gelten als neue Richtlinien für eine kompetenzorientierte Bildungsarbeit, deren Umsetzung unter dem Stichwort „Neue Lehr- und Lernkulturen" diskutiert wird. In diesem Kontext entstand eine Reihe von Projekten, die den Veränderungsprozess in der Weiterbildungspraxis begleiten und unterstützen. Ein Beispiel dafür ist das DIE-Projekt „Service Institutionenberatung zur Öffnung für neue Lernkulturen und Beratung bei neuen Angebotsformen" (SELBER) (vgl. Dietrich/Herr 2005). Als übergeordnetes Kennzeichen der neuen Ansätze können die Distanzierung von der „Herstellerperspektive" und die Anlehnung an die sogenannte „Ermöglichungsdidaktik" bestimmt werden. Weiterbildner werden als „Ermöglicher" von Lernprozessen und weniger als „Erzeuger" von Wissen bezeichnet (vgl. Arnold/Gómez Tutor 2007).

Im Zentrum der Ermöglichungsdidaktik bzw. der neuen Ansätze steht dabei die Frage, wie Kompetenzen entwickelt werden und wie dieser Prozess unterstützt werden kann.

Auch für diesen Begriff schlagen wir in – Anlehnung an Reuther/Leuschner (1997) – eine Definition vor.

DEFINITION

Kompetenzentwicklung ist ein Prozess, in dem das Subjekt seine fachlichen, sozialen, methodischen und/oder personalen Kompetenzen erweitert, aktualisiert und verfeinert.

Im Folgenden werden die Elemente und Kennzeichen einer Kompetenzorientierung für die Weiterbildungspraxis näher beschrieben, wobei insbesondere auf

o   didaktische Prinzipien,

o   die neue Rolle des Weiterbildungspersonals,

o   die Anerkennung informell erworbener Kompetenzen und

o   die Kompetenzerfassung

eingegangen wird.

Didaktische Prinzipien

Für die Gestaltung von Lernprozessen in der Weiterbildungspraxis lassen sich folgende didaktische Prinzipien benennen. Sie sind auf vielfältige Weise untereinander verbunden und bedingen sich wechselseitig.

o **Handlungsorientierung:** Nach diesem Prinzip sollen Handlungsziele mit hohem Realitätsbezug den Ausgangspunkt von Bildungsarbeit bilden. Für die Praxis bedeutet das, dass die Veranstaltungsziele im Sinne von Kompetenzen formuliert werden sollen. Im Vordergrund steht demnach nicht die Vermittlung von „trägem" Fachwissen, sondern der Anwendungsbezug und die Förderung von Handlungsfähigkeit bzw. kompetentem Handeln (vgl. Hof 2002).

o **Eigenaktivität des Lernenden:** Unter der Annahme, dass Kompetenzentwicklung nicht vordringlich durch Aufnahme und Rezeption, sondern durch aktive Betätigung des Lernenden gefördert wird und sich im Handeln zeigt, soll sie durch Agieren in situativen Anforderungen entwickelt werden. So gesehen verweist das Wort „Kompetenz" auf praktisches Handeln sowie auf die Aktivität des Subjekts in konkreten Übungssituationen, während mit den Begriffen „Wissen" und „Wissensvermittlung" bloße Theorie sowie Passivität des Lernenden verbunden werden. Damit gewinnen Lernumgebungen mit hohen praktischen Anteilen und Möglichkeiten zum Ausprobieren und zur Anwendung des Gelernten an Bedeutung (vgl. Kaufhold 2006; Hof 2002).

o **Subjektorientierung:** Diesem Prinzip zufolge sollen die Lerninhalte vor dem Hintergrund der Handlungsprobleme und -absichten der Subjekte und nicht nach systematisch-wissenschaftlichen Sachlogiken ausgewählt werden (vgl. Hof 2002). Zentral ist dabei auch die Bezugnahme auf die individuelle Biographie des Lernenden, also die systematische Berücksichtigung der Vorerfahrungen und Lerngeschichten des Individuums.

o **Kompetenzorientierung:** Darunter wird die Orientierung an bereits erworbenen Kompetenzen des Subjekts verstanden. Sie kann auch als Abkehr von einer Defizitorientierung hin zur Kompetenzorientierung bezeichnet werden (vgl. Klein/Alke 2009). Damit erlangen diagnostische Methoden und Instrumente zur Erhebung, Sichtbarmachung und Einstufung der Vorkenntnisse bzw. der informell erworbenen Kompetenzen eine zunehmende Relevanz.

Die neue Rolle des Weiterbildungspersonals

Aus den oben beschriebenen didaktischen Prinzipien ergibt sich ein verändertes Verständnis der Rolle der Weiterbildnerinnen und Weiterbildner. Als eine der zentralen neuen Aufgaben des Lehrenden gilt seit geraumer Zeit die Lernbegleitung und -beratung. Die Lehrenden sollen also immer weniger die traditionelle Rolle des monologisch bzw. frontal vortragenden Dozenten einnehmen, sondern vielmehr die des Beraters, Unterstützers und Begleiters eines Lernprozesses.

Daraus ergeben sich Ansprüche an die Lehrenden, die in einer Vielzahl von spezifischen Kompetenzanforderungen münden (vgl. Gnahs 2002). Das heißt, Lehrende müssen folgende Kompetenzen mitbringen:

o Methodenkompetenz zur Gestaltung interaktiver Lehr-Lern-Umgebungen,

o Kompetenz zur Entwicklung von Curricula mit hohen Selbststeuerungsanteilen,

o diagnostische Kompetenzen, um Lernschwächen und Lernpotenziale zu erkennen und zu beurteilen,

o Beratungskompetenz, um die Lernenden zum Selbstmanagement zu befähigen und um Selbstkontrolle anzuleiten sowie Lernhilfen zu bieten,

o Medienkompetenz zur sinnvollen Einbeziehung der Medien in Lernprozesse,

o verstärkte Teamfähigkeit und Fähigkeit zum interdisziplinären Lernen und Arbeiten.

Seit sich Lernarrangements mit mehr Selbststeuerungsanteilen immer stärker durchsetzen, müssen nun auch Möglichkeits- und Gelegenheitsstrukturen geschaffen, Lernumgebungen entsprechend gestaltet und die Lernprozesse der Teilnehmenden durch die Lehrenden begleitet werden. Nach Faulstich (2002, S. 9) hat der Lehrende in selbstbestimmten Lehr-Lernsituationen folgende Aufgaben. Er soll:

o   ein vertrauensvolles und angenehmes Lernklima sichern,

o   zwischen den Interessen der Lernenden und den Lernanforderungen vermitteln,

o   Lernzeiten und Lernorte klären,

o   beim Klären der Lernziele unterstützen,

o   bei der Auswahl der Lerninhalte unterstützen,

o   auf Bezüge zu den Erfahrungen der Teilnehmenden und auf die Aspekte und Systematik der Lerngegenstände hinweisen,

o   auf mögliche Methoden der Aneignung hinweisen,

o   Lernmittel (Literatur, Medien, Materialien) bereitstellen,

o   auf Bearbeitungsmöglichkeiten hinweisen,

o   Gruppen- und Kommunikationsstrukturen beachten,

o   beim Erstellen eines Arbeitsplans unterstützen und

o   Lernfortschritte sichern.

Die Anerkennung informell erworbener Kompetenzen

Kompetenzen werden nicht nur in formalen Lernkontexten, also innerhalb des staatlich anerkannten Regelsystems und im non-formalen Bereich, also innerhalb institutionalisierter Lernwege, sondern auch außerhalb des Regelsystems (z.B. an einer VHS) erworben. Sie werden auch auf informellem Wege entwickelt, d.h. in nicht-organisierten Lernkontexten, in denen die Lernprozesse von Individuen selbst geplant und gesteuert werden. Informelles Lernen findet auch dann statt, wenn sich Personen autodidaktisch in ein neues Gebiet einarbeiten oder von Kollegen oder Freunden angelernt werden. Dieses Lernen findet in allen Lebenszusammenhängen statt, z.B. am Arbeitsplatz, im Familien- und Freundeskreis oder im Rahmen ehrenamtlicher Tätigkeiten. Solchen informell erworbenen Kompetenzen kommt vor dem Hintergrund aktueller Kompetenzdiskussionen ein neuer Stellenwert zu (vgl. Gnahs 2007; Bretschneider 2006).

Informell erworbene Kompetenzen sind nicht in Zeugnissen oder Zertifikaten dokumentiert. Aus diesem Grund steigt die Bedeutung von Instrumenten, die solche Kompetenzen erfassen, sichtbar machen und ggf. zertifizieren.

In verschiedenen Ländern Europas gibt es dazu mittlerweile unterschiedliche methodische Ansätze, u. a. sogenannte Portfolios oder Kompetenzpässe. Auch in Deutschland gibt es mittlerweile über 50 Portfolios bzw. Kompetenzpässe (vgl. Bundesministerium für Bildung und Forschung 2004). Beispielhaft seien hier der „Europass", der „Berufswahlpass" sowie der „ProfilPASS" genannt → Kap. 6.6, S. 109).

Kompetenzerfassung

Die sich in vielen Bereichen der Gesellschaft niederschlagende Orientierung an „Kompetenzen" macht deutlich, dass die Kompetenzerfassung von zunehmender Bedeutung ist. Eine sorgfältige und umfangreiche Erfassung, Einschätzung und ggf. Zertifizierung der Kompetenzen von Lernenden gilt als Grundlage einer gelungenen Kompetenzentwicklung und wird von den in der Weiterbildung Tätigen in ganz unterschiedlichen Anwendungskontexten geleistet.

In Kapitel 3 werden die bildungspolitischen Perspektiven sowie die vielfältigen Anwendungsbereiche und Ziele der Kompetenzerfassung in der Weiterbildung näher beschrieben.

 Weiterführende Literatur

Arnold, R./Gómez Tutor, C. (2007): Grundlinien einer Ermöglichungsdidaktik: Bildung ermöglichen – Vielfalt gestalten. Augsburg

Gnahs, D. (2007): Kompetenzen – Erwerb, Erfassung, Instrumente. Bielefeld

Kaufhold, M. (2006): Kompetenz und Kompetenzerfassung. Analyse und Beurteilung von Verfahren der Kompetenzerfassung. Wiesbaden

Nuissl, E./Schiersmann, C./Siebert, H. (Hrsg.) (2002a): Report. Literatur- und Forschungsreport Weiterbildung, H. 49: Kompetenzentwicklung statt Bildungsziele?

Schiersmann, C. (2007): Berufliche Weiterbildung. Wiesbaden

Vonken, M. (2005): Handlung und Kompetenz. Wiesbaden

3. Kompetenzerfassung in der Weiterbildung

3.1 Bildungspolitische Perspektiven

Bildungspolitisch gab und gibt es eine Reihe von Aktivitäten, die den Blick auf Ergebnisse von Bildungsprozessen, also die Orientierung auf den „Output" stärken sollen. Kompetenzen werden in diesem Kontext als tatsächlich vorhandene Fähigkeiten zur erfolgreichen Bewältigung komplexer Anforderungen verstanden. Dieser Perspektivwechsel vom „Lehren" zum „Lernen" sowie von „Qualifikation" zu „Kompetenz" brachte und bringt immer neue Herausforderungen an das Weiterbildungspersonal mit sich. Es gilt stärker als zuvor, den lernenden Menschen in seiner umfassenden Persönlichkeit zu betrachten. Dies schließt ein, dass in der Weiterbildung Tätige nicht lediglich die Ergebnisse von Bildungsprozessen betrachten dürfen, sondern sämtliche Lernerfolge, also auch die Lernwege und -ziele sowie die individuellen Wünsche und Stärken der Lernenden erfassen und bewerten sollten. Sie setzen sich damit für eine stärkere Zuwendung zum Lernen für das „wirkliche Leben" ein und stellen damit sicher, dass das Gelernte in Alltag und Beruf angewendet werden kann. Lerninhalte, Curricula oder die Methodenwahl, also der „Input", werden nicht mehr als vorrangig ausschlaggebende Indikatoren für einen erfolgreichen Unterricht angesehen. Qualitätskriterien für gute Lehre erwachsen vielmehr aus der Erfassung und Einschätzung der Lernziele, -wege und Erwartungen von Lernenden.

Die individuellen Kompetenzen der Teilnehmenden werden in verschiedenen Situationen, wie in der Beratung, in der Einstufung, in der Lernprozess- und Erfolgskontrolle und letztlich in der Überprüfung der Lernergebnisse erfasst. Wenn Weiterbildner die tatsächlichen Kompetenzen bzw. die Gesamtheit des Lernerfolgs eines Teilnehmenden in den Blick nehmen wollen, so ist dies allein durch den Einsatz von verschiedenen Methoden und Instrumenten der Kompetenzerfassung möglich.

Zunächst einmal stellen wir unsere Arbeitsdefinition zum Begriff der Kompetenzerfassung voran.

DEFINITION

Kompetenzerfassung umfasst das Erkennen, Einordnen, Bewerten und Dokumentieren von Kompetenzen mithilfe verschiedener qualitativer und/oder quantitativer Methoden.

3.2 Anwendungsbereiche für Kompetenzerfassung

Im Folgenden beschreiben wir verschiedene Bereiche der Kompetenzerfassung in Weiterbildungseinrichtungen (Abb. 3). Sie findet im Rahmen von Beratung, Einstufung, Lernprozess- und Erfolgskontrolle sowie Prüfungen statt (vgl. Gnahs 2007). Des Weiteren hat Kompetenzerfassung ihren Platz auch in Betrieben und in der Forschung; diese Bereiche werden wir hier aber nicht weiter erörtern und uns ganz auf die Institution Weiterbildung konzentrieren.

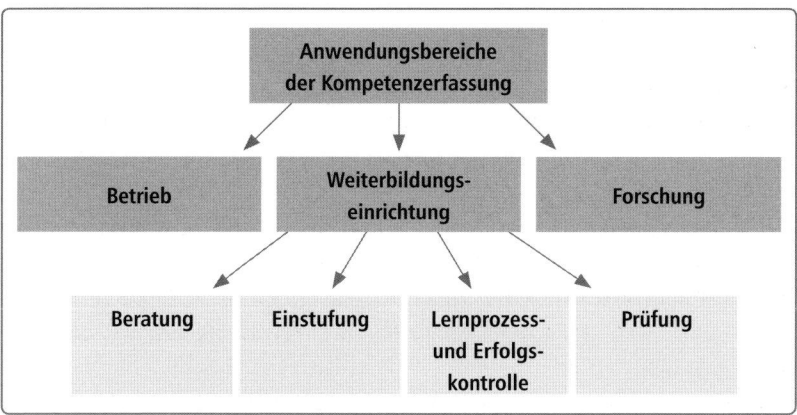

Abbildung 3: Anwendungsbereiche der Kompetenzerfassung (in Anlehnung an Gnahs 2007)

Beratung

Beratung findet in der Weiterbildung in sehr vielen Bereichen und zu unterschiedlichen Anlässen statt: von der Hilfestellung bei der Auswahl von Seminaren und Veranstaltungen bis hin zur Lernberatung in Seminaren. Die Weiterbildungsberatung gliedert sich in zwei Aufgabenfelder mit je zwei Unterkategorien. Die **personenbezogene** Beratung (mit den Bereichen Weiterbildungs- und Kompetenzentwicklungsberatung sowie Lernberatung) und die **organisationsbezogene** Beratung (mit den Unterkategorien Qualifizierungsberatung für Betriebe und Organisationsberatung für Weiterbildungseinrichtungen). Beratung dient der Unterstützung der Erfassung, Bestimmung und Weiterentwicklung vorhandener Kompetenzen. Hierzu werden häufig zusätzlich Kompetenzpässe und -listen, Beratungschecklisten sowie Portfolios eingesetzt (vgl. Schiersmann/Remmele 2004).

Einstufung

In den meisten Fällen sind Kurse der allgemeinen Erwachsenen- und Weiterbildung frei zugänglich und werden über Programmhefte, Zeitungsanzeigen etc. beworben. In manchen Bereichen, wie beispielsweise für Fremdsprachenkurse oder Seminare für Senioren, sind homogene Teilnehmergruppen gewünscht oder sogar Voraussetzung, denn nur so kann ein perspektivischer Lernerfolg gewährleistet werden. Hierfür sind sowohl Alter, Person, Funktion und persönliche Eigenschaften Zugangskriterien. Aber auch die Kompetenzen eines Bewerbers sichern den Zugang zum entsprechenden Kurs. Um eine Unterscheidung treffen zu können, werden die Kompetenzen der Teilnehmenden vor Kursbeginn im Rahmen einer Einstufung erfasst. In Anlehnung an Gnahs (2007) unterscheiden wir drei verschiedene Arten der Einstufung:

o   **Selbsteinschätzung:** Der Weiterbildungsinteressent vergleicht selbstständig seine Kompetenzen mit den durch die Einrichtung vorab formulierten Kompetenzanforderungen an den Kurs. Gibt es für den Interessenten genügend Übereinstimmungen, so darf dieser am Kurs teilnehmen.

o   **Mündliche Abfrage:** Anhand einer mündlichen Befragung des Interessenten entscheidet die Einrichtung über die Zulassung zu einem Kurs.

Zeugnisse, Zertifikate, Qualifikationen oder auch abgeschlossene Kurse des Interessenten geben hier weitere Anhaltspunkte.

o **Test:** Wenn bestimmte Voraussetzungen zur Zulassung zu einem Kurs gegeben sein müssen, dann bietet die Einrichtung vor Beginn der Weiterbildungsmaßnahme die Teilnahme an einem Testverfahren an. Aufgrund des Ergebnisses wird der Interessent einer Veranstaltung zugeordnet.

Welches Einstufungsverfahren genutzt wird, hängt von der Art und den Inhalten des Seminares sowie von den avisierten Lernzielen und der Zielgruppe ab.

Lernprozess- und Erfolgskontrollen

Lernprozess- und Erfolgskontrollen, auch „Lernfortschrittskontrollen" genannt, sind Überprüfungen der Lernergebnisse, -erfolge oder -misserfolge. Meist am Ende einer Veranstaltung oder Maßnahme werden die Lernergebnisse anhand von Tests oder Prüfungen erhoben. Aber auch schon während einer Weiterbildungsmaßnahme sind Lernprozess- und Erfolgskontrollen wichtig, damit die Lernenden anhand von Zwischenergebnissen ihren Lernweg optimal gestalten oder Unterstützung durch den Lehrenden oder andere Lernende annehmen können.

Prüfungen

Prüfungen sind arrangierte Situationen, in denen Leistungen abgefragt oder Handlungen simuliert werden, die in Beruf oder Alltag Anwendung finden sollen. Dabei werden erworbene „Kompetenzen" gemessen. Ziel ist die Zertifizierung der erworbenen Leistungen. Die Zertifizierung soll später eine Aussage über die potenzielle Umsetzung erworbener Kompetenzen in beruflichen oder Alltagssituationen ermöglichen.

In der Weiterbildung wird zwischen abschlussbezogenen Kursen und Kursen ohne Abschluss unterschieden. Ein großer Teil kurzfristiger Angebote erfolgt ohne Abschlüsse, die langfristigeren Veranstaltungsformen enden in der Regel mit einem Zertifikat, Zeugnis oder Leistungsnachweis, deren Vergabe auf einer Prüfung basiert. Dabei lassen sich drei Abschlusstypen unterscheiden (vgl. Nuissl/Brandt 2009):

o   staatliche Abschlüsse, z.B. nachgeholte Hauptschulabschlüsse,
o   weiterbildungsspezifische Abschlüsse, z.B. in den Bereichen Sprachen, Informatik,
o   organisationsspezifische Abschlüsse, z.B. Zertifikate im kirchlichen und gewerkschaftlichen Bereich.

3.3 Bewertungsformen

In vielen Fällen reicht es nicht aus, Kompetenzen zu erfassen und zu dokumentieren. Bildungseinrichtungen oder Betriebe verlangen einen Nachweis, aus dem das Vorhandensein einer oder mehrerer Kompetenzen und die entsprechenden Niveaustufen erkennbar werden. Durch wen aber werden Kompetenzen bewertet und wie werden sie bewertet? Um diese Fragen zu beantworten, beschreiben wir im Folgenden drei Bewertungsformen von Kompetenzen.

Die wahrscheinlich bekannteste Weise, Kompetenzen zu erfassen, ist die **Zertifizierung.** Wir alle kennen aus der eigenen Schulzeit die regelmäßigen Tests und Klausuren, mit denen das Wissen und Können bewertet wurde. Heute noch ist dies die in allen Bildungsbereichen am häufigsten gewählte Form der Kompetenzerfassung. Und das aus gutem Grund, denn die Zertifizierung ist die einfachste Art, Lernende miteinander zu vergleichen. Die Lehrenden formulieren dafür – dem Lernstoff und -fortschritt in Umfang und Schwierigkeitsgrad angemessen – verschiedene Aufgaben. Das können beispielsweise Multiple-Choice-Aufgaben, Fragen mit Zweifachantwortmöglichkeiten (richtig/falsch) oder offene Fragen sein. Diese Art der Kompetenzerfassung ist nicht sonderlich zeitaufwendig. Damit am Ende der Zertifizierung ein Zeugnis oder Zertifikat ausgestellt werden kann, muss diese anhand einer Bewertung durch den Lehrenden – in diesem Fall also einer „Fremdbewertung" – durchgeführt werden.

Die zweite Bewertungsform ist die **Beurteilung.** Sie ist eine mündliche oder schriftliche Fremdbewertung von Fertigkeiten und Leistungen sowie von Stärken und Schwächen einer Person. Zur Bewertung der Kompetenzen kommen, im Gegensatz zur o.g. Zertifizierung, Erfassungsinstrumente mit eingeschränkten (Mindest-)Standards und Referenzniveaus zum Einsatz. Bei dieser Art der Bewertung werden Fach- und überfachliche Kompetenzen beurteilt, wobei die Art, wie und wo die Personen ihre Kompetenzen erworben haben, unerheblich ist. Dies kann in der Freizeit oder im Beruf, in beruflichen oder allgemeinen Weiterbildungsveranstaltungen geschehen. Wichtig ist nur, ob sie die entsprechend geforderten Kompetenzen aufweisen können. Klassische Beispiele dieser Bewertungsformen sind die Personalbeurteilung und das Arbeitszeugnis.

Die dritte Bewertungsform ist die **Selbsteinschätzung,** die, wie der Name es verrät, auf der selbstständigen Einschätzung der eigenen Kompetenzen durch den Lernenden basiert. Diese erlaubt es dem Lernenden, den eigenen Leistungsstand, eigene Lernerfolge und -misserfolge sowie Lernergebnisse zu ermitteln, zu reflektieren und zu bewerten. Um möglichst aussagekräftige Ergebnisse zu gewährleisten, müssen die Lernenden ein hohes Maß an metakognitiven Kompetenzen (wie z.B. Selbsteinschätzungs- und Reflexionsfähigkeit) besitzen. Sie reflektieren in erster Linie ihr Lernverhalten, ihre Fortschritte und ihre Lernergebnisse. Dies bildet die Voraussetzung für eine fundierte Bewertung der eigenen Kompetenzen. Es gibt einige Instrumente der Kompetenzerfassung, wie Portfolios und Lerntagebücher, die heutzutage eine Selbstbewertung von Kompetenzen ermöglichen. Durch Pässe, wie beispielsweise den ProfilPass (→ Kap. 6.6, S. 109), können die per Selbsteinschätzung erhobenen Kompetenzen auch für Dritte nutzbar gemacht und bei der Zertifizierung bewertet werden. Hierfür müssen Kompetenzen stark strukturiert werden. Ist dies aber erst einmal geleistet, so können die daraus erwachsenen (Selbst-)Darstellungen für die weitere (Arbeits-)Biographie genutzt und z.B. der Bewerbungsmappe hinzugefügt werden.

Zusammenfassend stellen wir die oben genannten Formen der Erfassung von Leistungen und Kompetenzen im Folgenden noch einmal gegenüber:

o **Zertifizierung** ist eine schriftlich festgehaltene Fremdbewertung, die überwiegend an fachlichen Kompetenzen orientiert ist und mit der Ausstellung eines Zeugnisses oder Zertifikats endet.

o **Beurteilung** ist ebenfalls eine schriftlich fixierte Fremdbewertung, die sowohl Fachkompetenzen als auch überfachliche Kompetenzen bewertet.

○ **Selbsteinschätzung:** Die Lernenden beurteilen ihre Leistungen selbstständig. Hierfür ist ein hohes Maß an Reflexionsvermögen nötig, damit Lernleistungen erfasst werden können.

3.4 Ziele der Kompetenzerfassung

Welche Ziele werden mit einer Kompetenzerfassung verfolgt? Die Ziele
sind so vielfältig wie ihre Einsatzmöglichkeiten. Sie dienen der Bewertung
und Beurteilung von Lernergebnissen, unterstützen die Reflexion von
Lernleistungen und fördern somit die Selbsteinschätzung und -bewertung
der Lernenden. Durch eine Erfassung von Kompetenzen können tatsächliche Handlungsfähigkeiten der Lernenden aufgezeigt und in Zertifizierun-
gen, Zeugnissen und Diplomen etc. ausgewiesen werden. Dies geschieht in
der Regel, wie bereits im vorigen Kapitel beschrieben, durch die Einstufung in unterschiedliche Niveaus. Durch eine individuelle Erfassung und
Charakterisierung können auch informell erworbene Kompetenzen mittels
neuerer Instrumente, wie z.B. durch Kompetenzpässe, anerkannt werden.
Durch dieses neue Zertifizierungssystem wird letzlich auch die berufliche
Eingliederung optimiert.

Die Erfassung von Kompetenzen ist immer mit unterschiedlichen
Zielstellungen verbunden; sie variieren je nach Akteur, Handlungsgruppe
oder Einsatzbereich. Die Akteure der beruflichen Bildung verfolgen mit
der Erfassung von Kompetenzen beispielsweise das Ziel höherer Beschäf-
tigungs- oder Vermittlungsquoten. Im Bereich der Personalentwicklung
wird mit der Kompetenzerfassung u. a. die Beschäftigungseignung evaluiert oder die Höherstufung einer Person in eine andere Qualifizierungs-
gruppe geprüft. Dagegen strebt die allgemeine Weiterbildung das Ziel an,
die Potenziale von Teilnehmenden zu stärken, wie z.B. im Bereich der
Kommunikations- und Redefähigkeit. Zielvorgaben müssen demnach immer in Bezug auf die handelnden Personen und die Organisationen entwickelt werden (vgl. Kaufhold 2006).

Ebenso beeinflusst die Kursdauer die Methoden bei der Kompetenzerfassung. So steht in kurzfristigen Bildungsangeboten wie bei Wochenend-

seminaren generell weniger Zeit für eine ausführlich angelegte Kompetenzerfassung zur Verfügung. Die Lehrenden sind aufgrund eines vorhandenen Zeitkontingents darauf angewiesen, schnell und punktuell einsetzbare Methoden der Kompetenzerfassung nutzen zu können. In Seminaren, die sich über längere Zeiträume erstrecken, wie z.B. Fremdsprachenkurse oder Schulungsmaßnahmen für Berufsrückkehrer, können Methoden der Kompetenzerfassung genutzt werden, die mehr Zeit in Anspruch nehmen.

 Weiterführende Literatur

Bretschneider, M. (2006): Kompetenzentwicklung aus der Perspektive der Weiterbildung. URL: www.die-bonn.de/doks/bretschneider0601.pdf (Stand: 20.07.2009)

Erpenbeck, J./Rosenstiel, L. v. (2003): Handbuch Kompetenzmessung. Erkennen, verstehen und bewerten von Kompetenzen in der betrieblichen, pädagogischen und psychologischen Praxis. Stuttgart

Gnahs, D. (2007): Kompetenzen – Erwerb, Erfassung, Instrumente. Bielefeld

Kaufhold, M. (2006): Kompetenz und Kompetenzerfassung. Analyse und Beurteilung von Verfahren der Kompetenzerfassung. Wiesbaden

4. Diagnostische Kompetenz von Weiterbildnern

4.1 Kompetenzen und Professionalitätsentwicklung

Neben den Fachdiskursen zur Kompetenzentwicklung wird in der Wissenschaft ebenso wie in der Bildungspolitik auch eine Debatte um Fragen der Entwicklung von Professionalität im Bereich der Weiterbildung geführt. Dabei werden Fragen der Qualitätssicherung aufseiten der Lehrenden aufgegriffen und auf den Bereich der Lehr-Lernprozessgestaltung bezogen. Wurde in der Vergangenheit das Augenmerk noch auf eine Qualitätssicherung auf Ebene der Organisation gelegt, so richtet sich der Fokus nunmehr auf diejenigen Personen, die die konkrete Arbeit in Weiterbildungseinrichtungen gestalten und verantworten: die Weiterbildner selbst. Damit kommen einmal mehr deren Kompetenzen in den Blick.

Im Kontext dieser Ausrichtung auf Qualität bedeutet Professionalitätsentwicklung dann also, das zur „professionellen" Ausübung der verschiedenen Tätigkeiten in der Weiterbildung notwendige erwachsenenpädagogische Wissen zu beschreiben und die erforderlichen, erwachsenenpädagogischen Kompetenzen zu benennen und kritisch zu reflektieren. Zugleich geht es darum, das Weiterbildungspersonal dabei zu unterstützen, diese Kompetenzen aufzubauen und kontinuierlich zu aktualisieren. Die Bemühungen, Professionalität in der Weiterbildung zu entwickeln, werden sicherlich in absehbarer Zeit noch weiter ausgebaut. In diesem Kapitel wollen wir daher diejenige erwachsenenpädagogische Kompetenz näher in den Blick nehmen, die für die Erfassung von Kompetenzen von Teilnehmenden in der Weiterbildung handlungsrelevant wird: die diagnostische Kompetenz. Denn professionelles Handeln des Weiterbildungspersonals kann vor dem Hintergrund von Qualitätssicherung und Kompetenzentwicklung, wie oben deutlich wurde, nicht mehr nur an methodisch-didaktischen Fähigkeiten bemessen werden, sondern muss darüber hinaus auch eben die diagnostische Kompetenz berücksichtigen.

4.2 Diagnostische Kompetenz

Was ist eine diagnostische Kompetenz? Welche konkreten Fähigkeiten fallen darunter? Wie kann man sich diagnostische Kompetenz aneignen? – Dies sind Fragen, die sich Weiterbildner zwangsläufig stellen, wenn von „professionellem" Handeln in der Weiterbildung gesprochen wird. Wir werden an dieser Stelle also beschreiben, was diagnostische Kompetenz ausmacht und wie sie im Zusammenhang mit Kompetenzerfassung zu definieren ist.

Folgende Elemente bilden die Basis der diagnostischen Kompetenz aufseiten des Lehrenden und sind somit Voraussetzung für entsprechende Bewertungen und Urteile (vgl. Helmke/Hosenfeld/Schrader 2004):

o   Intelligenz und kognitive Komplexität,
o   bereichsspezifische Fähigkeiten und Wissensstrukturen,
o   methodisches Wissen, d.h. Kenntnis diagnostischer Methoden und Wissen über typische Urteilsfehler,
o   bereichs- und gegenstandsbezogenes Wissen, z.B. über Anforderungen in einem Lerngebiet, über Schwierigkeitsmerkmale von Aufgaben, mögliche Lösungswege, typische Leistungen und Fehler.

Diese auf den Bereich der allgemeinen Pädagogik bezogenen Elemente lassen sich selbstverständlich auf den Bereich der Weiterbildung übertragen. Dabei sind die als bereichsspezifisch gedachten Fähigkeiten und Wissensstrukturen mit Inhalten der Weiterbildung zu konkretisieren. Dies wollen wir im Folgenden noch einmal ausführlich diskutieren. Zuvor aber stellen wir die vier Aspekte der diagnostischen Kompetenz noch einmal als Schaubild dar.

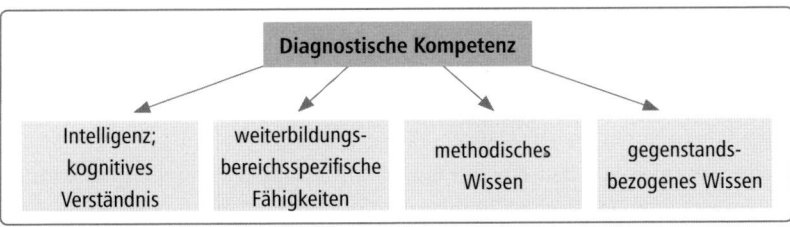

Abbildung 4: Diagnostische Kompetenz in der Weiterbildung (eigene Darstellung)

Die Mehrheit der für die Kompetenzerfassung in der Weiterbildung voraus-
zusetzenden Kompetenzen kann nur schwerlich „von außen" beeinflusst
werden, sie sollte stattdessen der Person eigen sein. So wird zur Erfassung
von Kompetenzen bei den Teilnehmenden aufseiten der Weiterbildenden
zunächst einmal grundsätzliche **Intelligenz** und **kognitives Verständnis** von
pädagogischen Situationen vorausgesetzt.

Daneben benötigt der in der Weiterbildung Tätige **weiterbildungsspezifische Fähigkeiten**, d.h. dass er über Strukturkenntnisse im Bereich der
Weiterbildung verfügt, lehr- und lerntheoretisches Reflexionswissen sowie
Basiskenntnisse im Bereich Kompetenzentwicklung besitzt und weiß, was
Kompetenzen sind, wie sie sich entwickeln und wie deren Entwicklung
unterstützt werden kann. Hinzu kommt hier das notwendige methodisch-
didaktische Wissen für Situationen in der Weiterbildung.

Des Weiteren wird **methodisches Wissen** in Bezug auf die Kenntnis
und Beherrschung diagnostischer Methoden sowie Wissen um typische
Urteilsfehler vorausgesetzt. Hierzu gehört auch das Wissen über typische
Urteilsfehler bei der Kompetenzerfassung und insbesondere der Kompetenzbeurteilung. Weiterbildende, die über diagnostische Kompetenz verfügen, kennen die Verfahren der Kompetenzerfassung und können quantitative und qualitative Erfassungsmethoden situationsgerecht einsetzen. Sie
kennen auch Ziele, Gütekriterien und Prinzipien der jeweiligen Methode,
können diese abwägen und typische Urteilsfehler berücksichtigen.

Schließlich gilt auch **gegenstandsbezogenes Wissen** als Basis für diagnostische Kompetenz. Hierbei geht es um die konkreten Anforderungen in
einem Lerngebiet und die damit verbundenen zu vermittelnden Kompetenzen. Diagnostische Kompetenz schließt in diesem Sinne auch ein, Schwierigkeitsmerkmale von Aufgaben, kritische Situationen und typische Fehler
im Lerngebiet vorab zu kennen. Daher kann der Lehrende auch Lösungswege aufzeigen und bewusst reflektierte Kompetenzentwicklungsprozesse
in Gang bringen.

Wenn wir im folgenden Kapitel einzelne Methoden vorstellen, so werden
wir immer auf spezifische Voraussetzungen für die jeweilige Methode hinweisen. Diese können sich auf den Lehrenden, auf den Lernenden oder auf

die konkreten Bedingungen beziehen, unter denen die Methode eingesetzt werden soll. Darüber hinaus gibt es einige grundlegende Voraussetzungen aufseiten des Weiterbildungspersonals für die Erfassung von Lernergebnissen mithilfe von Kompetenzerfassungsmethoden. Diese Voraussetzungen sind zu einem Teil eher reflexiver Natur, zu einem anderen Teil strukturieren sie die praktische Arbeit.

Für eine erfolgreiche Erfassung und Entwicklung von Kompetenzen sind die folgenden Voraussetzungen zu schaffen:

o Der Weiterbildende ist sich bewusst, dass Sympathien und Antipathien die Kompetenzbeurteilung beeinflussen und ist um Objektivität bemüht.

o Der Weiterbildende ist sich bewusst, dass sich Zeitmangel negativ auf die Kompetenzerfassung und die Objektivität und Aussagekraft der Ergebnisse auswirkt.

o Der Weiterbildende macht den Teilnehmenden Verfahren der Kompetenzerfassung und Wege der Kompetenzbeurteilung transparent.

o Der Weiterbildende arbeitet eng mit den Teilnehmenden zusammen, um ihre Bedürfnisse, Stärken und Ziele zu erkennen und an geeignete Inhalte, Programme und Arbeitsanweisungen heranzuführen.

o Das Erreichen der Lernziele und erworbene Kompetenzen werden regelmäßig überprüft; es werden regelmäßig Kompetenzen erfasst.

o Der Weiterbildende überprüft über das Wiedergeben von Informationen hinaus den Kompetenzgewinn anhand einer geeigneten Kompetenzerfassungsmethode.

📖 Weiterführende Literatur

Helmke, A./Hosenfeld, I./Schrader, F.W. (2004): Vergleichsarbeiten als Instrument zur Verbesserung der Diagnosekompetenz von Lehrkräften. In: Arnold, R./Griese, C. (Hrsg.): Schulmanagement und Schulentwicklung. Baltmannsweiler, S. 119–144

Jäger, R.S. (2006): Diagnostische Aufgaben und Kompetenzen von Lehrkräften. In: Arnold, K.-H./Sandfuchs, U./Wiechmann, J. (Hrsg.): Handbuch Unterricht. Bad Heilbrunn, S. 631–638

Kraft, S./Seitter, W./Kollewe, L. (2009): Professionalitätsentwicklung des Weiterbildungspersonals. Bielefeld

5. Methoden – Eine theoretische Einführung

5.1 Begriffe und Differenzierungen

Unter einer „Methode" verstehen wir einen Weg bzw. eine bestimmte Art und Weise des Vorgehens, um ein vorgegebenes Ziel zu erreichen. Ein „Instrument" ist dagegen als „Hilfsmittel" bzw. „Werkzeug" zu verstehen, das im Zusammenhang mit einer Methode verwendet wird.

In Anlehnung an die Soziologie werden zwei grundlegende Arten der Kompetenzerfassung unterschieden: der **qualitative** und der **quantitative** Ansatz. Eine Methode, also das konkrete Vorgehen, ist nicht immer nur „qualitativ" oder „quantitativ", sondern kann eher auf einem Kontinuum zwischen den beiden Polen verortet werden (vgl. Erpenbeck/v. Rosenstiel 2003; Kaufhold 2006).

Die folgende Tabelle 1 stellt die wichtigsten Unterschiede zwischen den beiden Ansätzen der Erfassung dar.

	quantitative Erfassung	qualitative Erfassung
Vorannahme	Kompetenz als natur-wissenschaftliche Größe messbar	objektive Erkenntnis nicht möglich
Ziel	Erklärung der Kompetenz	Verständnis der Kompetenz
Verfahren	standardisiert, eher Fremdeinschätzung	wenig standardisiert, eher Selbsteinschätzung
berücksichtigte Elemente	meist nur kognitive Elemente	kognitive und non-kognitive Elemente
Prinzipien	Objektivität, Zuverlässigkeit, Gültigkeit	Authentizität, Lebensweltbezug, Kommunikation/Interaktion
typische Methode	Test	teilnehmende Beobachtung

Tabelle 1: Arten der Kompetenzerfassung (eigene Darstellung)

Bei der **quantitativen Erfassung** geht man von der Annahme aus, dass Kompetenz wie eine naturwissenschaftliche Größe definiert und erfasst werden kann. Kompetentes Handeln wird hierbei als zweckrationales Handeln begriffen, das objektiv und nach festgelegten Indikatoren und Kriterien gemessen werden kann. Angestrebt wird eine möglichst exakte Erklärung der Kompetenz, was die Suche nach Gesetzmäßigkeiten und Vorhersage zukünftigen Verhaltens einschließt. Dabei werden strukturierte, hochstandardisierte Vorgehensweisen mit kleinem Handlungs- bzw. Antwortspielraum angewandt. Selbsteinschätzungen (durch die Probanden bzw. Teilnehmenden) spielen eine eher geringe Rolle, stattdessen werden Fremdeinschätzungen bevorzugt. Allerdings werden dabei meist nur die kognitiven Elemente von Kompetenz bei der Messung berücksichtigt. Als Gütekriterien, die über Qualität und Wissenschaftlichkeit einer quantitativen Methode Auskunft geben, gelten die Prinzipien Objektivität, Zuverlässigkeit und Gültigkeit. Demnach soll das Vorgehen möglichst objektiv sein, so dass die Ergebnisse unabhängig vom Testenden bleiben und bei einer nochmaligen Messung zuverlässig zu gleichen Ergebnissen führen. Das Prinzip der Gültigkeit ist dabei am wichtigsten, da auch eine vermeintlich objektive und zuverlässige Methode nichts nützt, wenn sie nicht das misst, was sie messen soll, also nicht gültig ist. Eine Methode, die häufig eingesetzt wird, ist der Test mit vorgegebenen und geschlossenen Antwortmöglichkeiten.

Demgegenüber stützt sich die **qualitative Erfassung** auf die Annahme, dass Objektivität für human- und sozialwissenschaftliche Variablen prinzipiell nicht erreichbar ist. Ziel ist die Interpretation der Sinn- und Deutungszusammenhänge sowie ein möglichst tiefes und grundlegendes Verständnis der Kompetenz. Eine exakte kausale Erklärung und Vorhersage ist für soziale Tatsachen und menschliche Phänomene nicht möglich. Es wird versucht, Kompetenz möglichst ganzheitlich, das heißt anhand offener und flexibler Verfahren mit hohen Interaktionsanteilen, zu verstehen. Dabei wird der Beobachtung von „innen", also der Selbsteinschätzung, nicht minder große Bedeutung als der Fremdeinschätzung zugeschrieben. Bei einer qualitativen Erfassung von Kompetenzen werden meist sowohl kognitive als auch non-kognitive Elemente wie Werte, Einstellungen und Charaktereigenschaften berücksichtigt. Dabei wird auf Authentizität und Lebensweltbezug geachtet, so dass Lebenswelt und Biographie des Einzelnen im Mittelpunkt stehen. Kommunikation und Interaktion werden bei der Kompetenzerfassung nicht als störend angesehen, sondern gelten als Voraussetzung bzw. Vorbedingung des Verstehens. Eine im Rahmen qualitativer Verfahren häufig verwendete Methode ist die teilnehmende Beobachtung.

Die Wahl der geeigneten Methoden hängt von drei Faktoren ab:
o   vom jeweiligen Kompetenzverständnis,
o   vom aktuellen Anwendungskontext und
o   vom Ziel der Erfassung.

Es gibt keine Methode, die als Königsweg gelten kann, so dass verschiedene Methoden, sowohl quantitativer als auch qualitativer Art denkbar und auf den jeweiligen Kontext zu beziehen sind. Jede Methode hat ihre Vor- und Nachteile. Daher sollte im Idealfall eine Kombination von mehreren Instrumenten eingesetzt werden, um die Stärken und Schwächen des jeweils gewählten Verfahrens auszugleichen und ein möglichst umfassendes und ganzheitliches Ergebnis zu erzielen.

Die Erfassung von Kompetenzen kann entweder als Fremd- oder Selbsteinschätzung erfolgen (vgl. Kaufhold 2006):
o   Bei einer **Fremdeinschätzung** werden die Kompetenzen einer Person durch eine oder mehrere Personen beurteilt. Obwohl die Beobachtenden auf Sichtbares bzw. die Auskünfte der jeweiligen Personen angewiesen sind, gilt sie als zuverlässiger und aussagekräftiger als die Selbstbeurteilung durch den Teilnehmenden.
o   Bei der **Selbsteinschätzung** wird, wie die Bezeichnung es bereits sagt, die Person selbst aufgefordert, ihre Kompetenzen zu beurteilen. Dabei wird davon ausgegangen, dass eine Person ihre jeweiligen Kompetenzen selbst am besten einschätzen und bewerten kann. Allerdings wird der subjektiven Selbsteinschätzung oft mit einem hohen Maß an Skepsis begegnet, insbesondere im Rahmen beruflicher Einschätzungen.

Die Wahl der geeigneten Beurteilungsform hängt also vom Ziel und Kontext der Kompetenzerfassung ab. Wenn in erster Linie Sichtbarmachung und Reflexion eigener Kompetenzen angestrebt wird, ist eine Kompetenz-bewertung durch Selbsteinschätzung oft ausreichend. Eine Unterstützung und Erleichterung der Selbsteinschätzung kann je nach Bedarf durch eine professionelle Beratung erreicht werden. Steht dagegen die Zertifizierung von Kompetenzen und Vergabe von Berechtigungen im Vordergrund, ist eine Fremdeinschätzung angemessener.

Jede Beurteilung, ob selbst vollzogen oder von anderen durchgeführt, stützt sich auf ein bestimmtes Kriterium bzw. einen Maßstab. Denkbar sind dabei drei verschiedene **Bezugsnormen**, die auch miteinander kombiniert werden können:

o   individuelle Bezugsnorm,
o   soziale Bezugsnorm und
o   sachliche Bezugsnorm.

Die **individuelle** Norm orientiert sich bei der Bewertung von Kompetenzen an den erblichen und milieubedingten Voraussetzungen des Subjekts sowie am bisherigen Entwicklungsprozess. Wenn man eine **soziale** Bezugsnorm zugrunde legt, so wird das Kompetenzniveau einer Person mit dem Niveau einer Bezugsgruppe verglichen. Die **sachliche** Bezugsnorm drückt aus, in welchem Ausmaß Vorgaben und Anforderungen innerhalb eines konkreten Aufgabenspektrums erfüllt werden.

Wir müssen an dieser Stelle einräumen, dass die Erfassung von Kompeten-zen kein einfaches Unterfangen ist. Zu fragen ist, inwieweit das jeweilige Verfahren tatsächlich Kompetenzen misst – oder nur die Voraussetzung von Kompetenz. Dabei ist zu unterscheiden zwischen Kompetenz als **Potenzial** für Handlungsfähigkeit einerseits und Kompetenz als **Performanz**, also kompetentes Handeln, andererseits (→ Kap. 2, S. 15). Eine Erfassung von Kompetenz anhand des Handelns einer Person würde demzufolge nur deren Performanz abbilden, also die Handlungsausführung, und nicht die Kompe-tenz an sich. In diesem Moment wäre Kompetenz als **Handlungsdisposition** zu verstehen. Andererseits ist nicht klar, inwieweit sich von Potenzialen auf deren tatsächliche Anwendung in konkreten Situationen schließen lässt.

Eine andere Frage betrifft die Komplexität des Kompetenzkonzepts, die zu den zwei unterschiedlichen Vorgehensweisen bei der Kompetenzerfassung führt. Einerseits ist es möglich, dass mit einem Verfahren nur jeweils einzelne Elemente von Kompetenz erhoben werden, wobei sich jedoch die Frage stellt, wie die einzelnen Bestandteile zu gewichten sind. Andererseits gibt es alternative Mess-Ansätze, die versuchen, der Komplexität des Kompetenzkonzepts gerecht zu werden, indem sie mehrere Elemente gleichzeitig berücksichtigen.

5.2 Methoden der Kompetenzerfassung

Grundsätzlich wird zwischen vier Arten von Methoden unterschieden:
o   Befragung (mündlich und schriftlich),
o   Beobachtung,
o   Materialanalyse,
o   Mischverfahren.

Zur Veranschaulichung haben wir alle bisher erwähnten Methoden der Kompetenzerfassung in der folgenden Übersicht (Abb. 5) zusammengestellt. Dabei wird jedoch kein Anspruch auf Vollständigkeit erhoben.

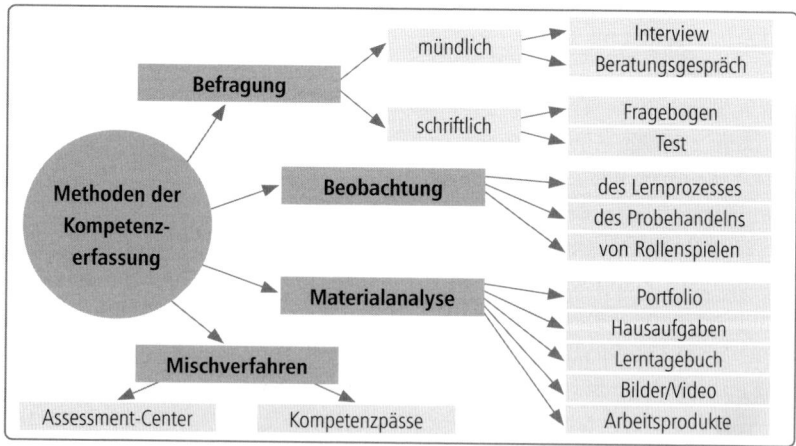

Abbildung 5: Methoden der Kompetenzerfassung (eigene Darstellung)

Die vielfältigen Methoden der Kompetenzerfassung lassen sich nach verschiedenen Kriterien ordnen, so beispielsweise nach **Anwendungs**bereichen oder **Inhalts**bereichen. Diese werden wir im Folgenden darstellen.

5.3 Anwendungsbereiche

Methoden der Kompetenzerfassung lassen sich in Hinblick auf ihre jeweiligen Anwendungsbereiche so klassifizieren, dass sich folgende Übersicht (Abb. 6) ergibt. Auch hier erheben wir keinen Anspruch auf eine vollständige Liste, sondern formulieren Vorschläge und Empfehlungen. Manche Methoden sind auch für mehrere Anwendungsbereiche geeignet. Eine kurze Beschreibung der hier berücksichtigten Bereiche wie Einstufung, Beratung, Lernprozess- und Erfolgskontrolle sowie Prüfungen ist bereits in Kap. 3 (→ S. 24) erfolgt.

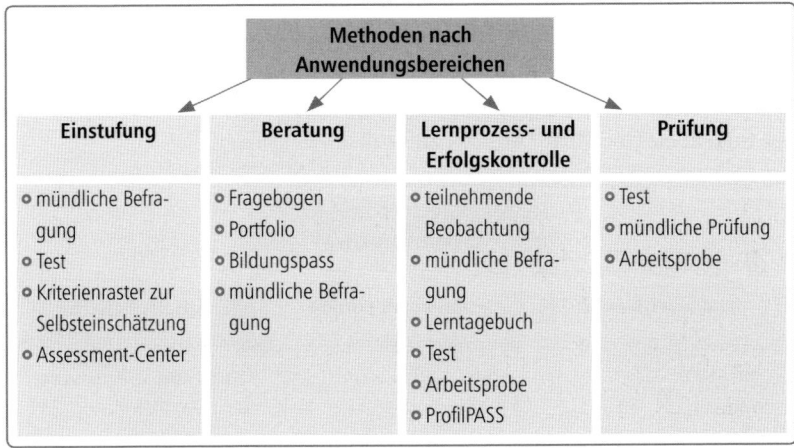

Abbildung 6: Methoden nach Anwendungsbereichen (eigene Darstellung)

Welche Methode als angemessen erscheint, hängt nicht nur vom jeweiligen Anwendungskontext, sondern auch von den Kompetenzen ab, die schwerpunktmäßig entwickelt werden sollen. Die Methode der Kompetenzerfassung sollte demnach auf die Veranstaltungsziele abgestimmt sein – nicht zuletzt, um sicherzustellen, dass die Lernenden sie akzeptieren und möglichst gute Ergebnisse erzielen können.

5.4 Inhaltsbereiche

Die Inhaltsbereiche der verschiedenen Methoden lassen sich nach Uemminghaus (2007) drei Typen zuordnen:

o dem kognitiven Bereich,

o dem emotionalen Bereich und

o dem sozialen Bereich.

Während es in Veranstaltungen im **kognitiven** Bereich in erster Linie um Entwicklung bzw. Erweiterung von Fach- und/oder Methodenkompetenzen geht, zielen Seminare im **emotionalen** Bereich vordringlich auf die Reflexion und eventuelle Modifikation von Einstellungen. Demgegenüber werden in Veranstaltungen im **sozialen** Bereich vor allem soziale Kompetenzen entfaltet und entwickelt. Ein Überblick darüber, welche Kompetenzerfassungsmethoden in welchem Inhaltsbereich empfehlenswert sind, ist in der folgenden Übersicht (Abb. 7) zu finden.

Methoden nach Inhaltsbereichen		
kognitiver Bereich	**emotionaler Bereich**	**sozialer Bereich**
o Test	o angeleitete Selbsteinschätzung/Test	o teilnehmende Beobachtung
o Fallanalyse	o Lerntagebuch	o angeleitete Selbsteinschätzung des Probehandelns
o Probehandeln	o bildnerische Verfahren	oder eines Produkts
o Produkterstellung		o Feedback geben
o teilnehmende Beobachtung		– Fish-Bowl
o Portfolio		– Rollen-Feedback
o Leitfadeninterview		– Pantomime
o Selbstauswertung		– Lernpartnerschaft

Abbildung 7: Methoden nach Inhaltsbereichen (in Anlehnung an Uemminghaus 2007)

Im folgenden Kapitel werden wir nun einige der bereits erwähnten Methoden und Instrumente ausführlicher beschreiben, nämlich Beobachtung, Lerntagebuch, Portfolio, Beratungsgespräch, Test und Mischansätze (Kompetenzpässe und Assessment-Center). Dabei haben wir sowohl quantitative als auch qualitative Verfahren sowie alle grundlegenden Methoden berücksichtigt und werden für jeden Anwendungs- und Inhaltsbereich praxisnahe Beispiele benennen.

Die verschiedenen Methoden und Instrumente werden in einer einheitlichen Systematik vorgestellt. Nach einer kurzen Einleitung, die eine Definition enthält und ggf. Hinweise zu verschiedenen Varianten bietet, folgt eine Beschreibung der Methode nach folgenden Kriterien:

o   Einstieg,
o   Ziel und Zweck,
o   Anwendungsbereich,
o   Voraussetzungen,
o   Durchführung bzw. Vorgehen,
o   Vor- und Nachteile,
o   Modifikationsmöglichkeiten und Tipps,
o   Material für die Praxis,
o   weiterführende Literatur.

📖 Weiterführende Literatur

Bernien, M. (1997): Anforderungen an qualitative und quantitative Darstellungen der beruflichen Kompetenzentwicklung. In: Arbeitsgemeinschaft Qualifikations-Entwicklungs-Management (Hrsg.): Kompetenzentwicklung '97. Berufliche Weiterbildung in der Transformation – Fakten und Visionen. Münster u. a., S. 17–83

Erpenbeck, J./Rosenstiel, L. v. (2003): Handbuch Kompetenzmessung. Erkennen, verstehen und bewerten von Kompetenzen in der betrieblichen, pädagogischen und psychologischen Praxis. Stuttgart

Kaufhold, M. (2006): Kompetenz und Kompetenzerfassung. Analyse und Beurteilung von Verfahren der Kompetenzerfassung. Wiesbaden

Uemminghaus, M. (2007): Arten von Lernstandortbestimmung. In: Kaiser, A. u. a. (Hrsg.): Kursplanung, Lerndiagnose und Lernberatung. Bielefeld, S. 41–68

6. Methoden und Instrumente für die Praxis

6.1 Beobachtung

Einstieg

Als „Beobachtung" bezeichnen wir die systematische und zielgerichtete Wahrnehmung von (sozialen) Vorgängen und vorab definierten Objekten. Beobachtung als eine Methode zur Kompetenzerfassung in der Weiterbildungspraxis soll einer wissenschaftlichen Beobachtung entsprechen, die im Unterschied zur Alltagsbeobachtung stärker zielgerichtet und methodisch kontrolliert ist. In der empirischen Sozialforschung werden verschiedene Typen von Beobachtung auf folgenden Ebenen unterschieden:

o   teilnehmende versus nicht-teilnehmende,
o   unstrukturierte versus strukturierte sowie
o   offene versus verdeckte Beobachtung.

Die hier benannten Dichotomien markieren die äußeren Eckpunkte eines Spektrums von Unterscheidungskriterien. In der Praxis wird eine Beobachtung jedoch zwischen den jeweiligen Polen zu verorten sein. Dabei ist eine qualitative Beobachtung meist eher teilnehmend, unstrukturiert und offen.

Von einer **teilnehmenden** Beobachtung sprechen wir dann, wenn der Lehrende gleichzeitig Beobachtungsaufgaben übernimmt, während bei einer **nicht-teilnehmenden** Beobachtung ein Mitarbeitender oder ein Praktikant, z.B. im Rahmen einer Hospitation, zwar in der Veranstaltung anwesend ist, sich jedoch auf die Beobachtung beschränkt.

Wie bereits oben geschildert, kann eine Beobachtung mehr oder weniger strukturiert erfolgen. Das Spektrum reicht von einer eher **unstrukturierten** Beobachtung anhand weniger Beobachtungskriterien über umfassende Beobachtungschecklisten bis hin zu möglichst **strukturierten**, hochstandardisierten Beobachtungsschemas mit Strichlisten.

Eine Beobachtung ist dann **offen**, wenn die Teilnehmenden wissen, dass sie beobachtet werden, während dies bei der **verdeckten** Beobachtung nicht der Fall ist. So kann es z.B. sein, dass die Teilnehmenden nicht wissen, dass die Anwesenheit einer Praktikantin mit der Aufgabe verbunden ist, die Kompetenzen der Teilnehmenden zu erfassen.

Ziel und Zweck

Die Beobachtung zielt auf Erfassung, Dokumentation und Analyse des Handelns und damit auf die Beurteilung der Kompetenzen bzw. der Kompetenzentwicklung der Lernenden. Im Rahmen einer Lernprozesskontrolle dient die Erfassung der Kompetenzen (hier im Sinne von „Performanz") der Teilnehmenden der Evaluation des Lerngeschehens. Die Beobachtung ist somit Voraussetzung für die ständige Reflexion des Lernprozesses und dient letztlich der Optimierung des Lerngeschehens bzw. der ständigen Anpassung der Lerninhalte und -methoden an den aktuellen Kompetenzstand der Lernenden. Des Weiteren bildet sie die Grundlage für eine individuelle Lernberatung sowie für eine begründete Rückmeldung zum bisherigen Lernerfolg. Außerdem kann eine zielgerichtete und reflektierte Beobachtung die Basis einer abschließenden Erfolgskontrolle darstellen, indem die vorab formulierten Lernziele mit dem tatsächlich beobachteten Kompetenzstand der Teilnehmenden verglichen werden.

Anwendungsbereich

Die Beobachtung wird von allen Lehrenden angewandt. Unterschiedlich sind nur der Systematisierungsgrad und das Ausmaß, in dem sie bewusst, zielgerichtet und reflektiert als Methode angewandt wird. Eine Beobachtung des Geschehens geschieht durch die Anwesenheit des Lehrenden in der Lehr-Lernsituation quasi automatisch; sie ist aber ohne Vorbereitung und Reflexion mehr oder weniger willkürlich und kann eher mit einer Alltagsbeobachtung verglichen werden.

Die Methode der Beobachtung eignet sich für alle thematischen Bereiche, unabhängig davon, ob eher fachliche, methodische, soziale oder persönliche Kompetenzen vermittelt werden sollen. In vielen Bereichen der Weiterbildung ist sie neben abschließenden Feedback-Methoden der einzige Weg zur Einschätzung des Veranstaltungserfolgs bzw. des Kompetenzstands, der durch die Teilnehmenden erreicht wurde. Das gilt insbesondere für Veranstaltungen, die nicht vordergründig aus beruflichen Motiven, sondern eher aus Interesse an allgemeinbildender, persönlicher Entwicklung, an sinnvoller Freizeitgestaltung oder schlicht wegen des Spaßes am Lernen und an Geselligkeit besucht werden. In diesem Zusammenhang erscheinen die aus dem schulischen Bereich bekannten und oft gefürchteten Leistungskontrollen in Form von schriftlichen Tests eher ungeeignet.

Voraussetzungen

Im Vergleich zu anderen Methoden wie dem Test oder dem Lerntagebuch ist die Beobachtung ein relativ aufwand- und voraussetzungsarmes Verfahren. Die Voraussetzungen betreffen nur den Beobachtenden. Als grundsätzliche Voraussetzungen für eine Beobachtung gelten eine allgemein anzunehmende, allerdings kaum zu beeinflussende Intelligenz, eine gewisse kognitive Komplexität sowie eine allgemeine Beobachtungsgabe. Des Weiteren ist sowohl ein gegenstandsbezogenes Wissen als auch ein weiterbildungsspezifisches Wissen, u. a. in Bezug auf das Lernen Erwachsener (→ Kap. 4.1), notwendige Voraussetzung. Sehr wichtig sind bei dieser Methode auch Kenntnisse über mögliche Beobachtungsfehler und eine ausgeprägte Selbstreflexionskompetenz. Um eine nicht-teilnehmende Beobachtung durchführen zu können, werden Hospitanten oder Mitarbeitende benötigt, die die Beobachtung übernehmen.

Durchführung bzw. Vorgehen

Eine vollständige Erfassung der Lehr-Lernprozesse oder auch nur des Lernverhaltens der Teilnehmenden ist nicht möglich, da unsere Wahrnehmung immer selektiv und subjektiv ist und nur bestimmte Ausschnitte der komplexen Welt festhalten kann. Für eine Beobachtung in Weiterbildungsveranstaltungen heißt das, dass konkrete Beobachtungskriterien und Vorgehensweisen festgelegt werden müssen. Die Wahl der Beobachtungskriterien ist dabei zum einen vom Ziel der Beobachtung abhängig. Meist vermischen sich mehrere der oben genannten Beobachtungsziele. Wichtig ist jedoch, dass sich der Lehrende über sie im Klaren ist und sie ständig reflektiert. Zum anderen orientiert sich die Beobachtung an den Lernzielen der jeweiligen Veranstaltung. Dabei können folgende Fragen hilfreich sein (→ Checkliste 3, S. 54):

o   Was sind die übergeordneten Ziele der Veranstaltung?
o   Welche speziellen Kompetenzen sollen entwickelt oder gefördert werden?
o   Wie wird der Erwerb der Kompetenzen sichtbar?
o   Wie kann ich den Lehrerfolg beobachten?

BEISPIEL

In einem Seminar, in dem das Erlernen und die Anwendung von Präsentationstechniken als Lernziel gilt, können die Teilnehmenden gebeten werden, einen Probevortrag zu halten, zu dessen Analyse und Beurteilung dann folgende Beobachtungskriterien festgelegt werden:

o Aufbau und Gliederung des Themas,
o Sprache/Rhetorik/Gestik/Mimik,
o Medieneinsatz,
o Auftreten/Kontakt zum Publikum.

Ein ausführliches Kriterienraster befindet sich am Ende des Kapitels (→ Checkliste 1, S. 52).

Beobachtet werden können aber nicht nur die tatsächlich erworbenen Kompetenzen, die sich in Probehandlungen oder Rollenspielen zeigen, sondern auch der Prozess der **Kompetenzentwicklung** kann Gegenstand der Beobachtung sein. Die in diesem Kontext gemachten Erfahrungen können dann als Grundlage für die Bewertung der einzelnen Teilnehmenden oder für die Lernberatung genutzt werden. Dabei können folgende Beobachtungskriterien hilfreich sein (vgl. Uemminghaus 2007):

Wer beteiligt sich in welcher Form an der Gruppenarbeit?

- Wer bringt Informationen ein?
- Ist eine Gesprächsleitung erkennbar?
- Wer bringt Kritik ein?
- Welche sozialen Kompetenzen werden sichtbar?

Welche Lernprozesse finden statt?

- Werden Lernstrategien thematisiert und eingebracht?
- Wird über die Lerninhalte diskutiert?

Welche Aktivitäten werden getätigt?

- Werden Materialien gesammelt?
- Wird das Material geordnet, strukturiert und/oder zusammengefasst?
- Wird das gesammelte Material kritisch beleuchtet?

Welche Fehler werden von den Teilnehmenden gemacht?

- Welche Art Fehler sind dies?
- Wie häufig werden Fehler gemacht?

Wie werden die Aufgaben erledigt?

- Ist eine eigenständige Arbeitsweise erkennbar?
- Arbeiten die Teilnehmenden miteinander?
- Wird mit Hilfe von Büchern oder Arbeitsmaterialien gearbeitet?

Der folgende Ausschnitt aus einem Interview mit einer VHS-Kursleiterin ist ein Beispiel dafür, wie viele der oben genannten Kriterien im Fremdsprachenbereich zur Beobachtung und Analyse des Lerngeschehens eingesetzt werden können.

BEISPIEL

Auf der einen Seite gucke ich, wie die Teilnehmer z.B. mit Aufgabenstellungen umgehen. Wenn z.B. irgendetwas auszufüllen ist, gibt es dann die Sparversion, dass die nur die Ziffern nebendran schreiben, welche Ziffer da rein gehört, ja? Andere schreiben das Wort und wieder andere schreiben den ganzen Satz. Also, das sind dann so Sachen, die ich beobachte, wo ich dann auch nachher das noch mal zum Anlass nehme, darüber zu sprechen. Auch wenn ich z.B. sage: „Diskutieren Sie das jetzt bitte" und es wird nicht dis-

kutiert, dann sage ich also: „Mein Mann würde sich in der Schule immer wünschen, dass die Leute so ruhig wären wie Sie, aber hier dürfen Sie, hier müssen Sie." Und dass man einfach daraus so Schlüsse zieht, also auf der einen Seite Schlüsse, die ich nur für mich dann ziehe, für den Unterricht, auf der anderen Seite aber auch den Leuten rückkopple, dass ich sage, gerade wenn jemand nur Ziffern reinschreibt: „Wenn Sie die Wörter noch mal hinschreiben, überlegen Sie vielleicht, ob Sie eher was lernen können, wenn Sie das Wort noch mal schreiben, wenn Sie es im Kontext benutzen." So gibt man also wirklich ganz gezielt auch Hinweise, wie sie das effektiver anwenden können.

Nicht für alle Prozesse und Zielsetzungen ist es einfach, die entsprechenden Beobachtungskategorien zu finden. Schwierig zu fassen ist z.B. der sogenannte Aha-Effekt, mit dem gelungene Lernprozesse assoziiert werden. Der folgende Ausschnitt aus einem Interview mit einem VHS-Kursleiter aus dem Bereich der politischen Bildung gibt eine beispielhafte Antwort auf die Frage, wie sich ein Aha-Effekt beobachten lässt:

BEISPIEL

Der Aha-Effekt, der ist für mich dann da, wenn, sagen wir mal, so ein entspanntes, warmes Gefühl in der Gruppe dann kommt, wenn gelacht wird, wenn aufeinander Bezug genommen wird, wenn keine Konkurrenzsituation entsteht, wenn sich niemand gegen den anderen behaupten will, wenn sie sich gemeinsam unterstützen im Entschlüsseln eines schwierigen Textes beispielsweise oder einer Fachfrage. Wenn gelacht wird, wenn die Stimmung steigt, wenn sie am Ball bleiben.

Eine **Dokumentation** der Beobachtung (→ Checkliste 2, S. 53) ist aus folgenden Gründen empfehlenswert:

o   Sie bildet die Grundlage einer umfassenden Seminarauswertung.

o   Auf Schlüsselsituationen und wichtige Ereignisse kann später zurückgegriffen werden.

o   Es können Absprachen, Hausaufgaben, Feedback der Teilnehmenden usw. festgehalten werden.

o   Die Notizen können für die Selbstevaluation innerhalb von Supervisionssitzungen oder für Gespräche mit Vorgesetzten genutzt werden.

Bei der Methode der Beobachtung ist schließlich immer auch das Bewusstsein darüber wachzuhalten, dass jede Wahrnehmung von individuellen Emotionen und Bedürfnissen sowie von subjektiven Vorerfahrungen, Werten und Einstellungen des Beobachtenden beeinflusst wird. Ausblenden lassen sich diese Faktoren nicht, deren Einfluss aber sollte immer kritisch reflektiert werden. Folgende Beobachtungsfehler kommen häufig vor, können aber durch reflektierende Selbstkontrolle minimiert werden (vgl. Jäger 2006):

o   unterschiedliche Interpretation eines Vorgangs,

o   Gedächtnisprobleme (sog. Blackouts),

o   Erinnerungsfehler oder Erinnerungsverzerrungen,

o   Unaufmerksamkeit,

o   logische Fehler,

o   Halo-Effekt (d.h. wenn eine einzelne Eigenschaft einer Person alle anderen Eigenschaften überstrahlt),

o   Tendenz zu extremen Beobachtungen und Beurteilungen (Schwarz-Weiß-Denken),

o   Positions- bzw. serialer Effekt (d.h. wenn das Beobachtungsergebnis davon beeinflusst wird, welchen Momenten Bedeutung zugeschrieben wird; wenn sich der Beobachtende z.B. insbesondere vom ersten Eindruck leiten lässt, spricht man von Primacy-Effekt und wenn die Beobachtung vom letzten Eindruck beherrscht wird vom Recency-Effekt),

o   soziale Erwünschtheit (z.B. das bevorzugte Wahrnehmen von Aspekten, die von der Gesellschaft anerkannt und gewürdigt werden).

Vorteile	Nachteile
Sowohl der Prozess der Kompetenzentwicklung als auch das kompetente Handeln kann beobachtet werden.	Es können Beobachterfehler auftreten.
Beobachtung ist die elementare Form von Kompetenzerfassung.	Eine Hospitation ist selten möglich.
Es ist nur ein geringer Arbeitsaufwand nötig.	Beobachtung durch Dritte kann die Situationen, das Verhalten und Handeln beeinflussen.

Vorteile	Nachteile
Es gibt vielfältige Anwendungskontexte: u. a. Optimierung von Lernprozessen, Erfolgs- kontrolle, Lernberatung.	Es können nicht mehrere Lernende gleichzeitig beobachtet werden.

Tabelle 2: Vor- und Nachteile von Beobachtungen (eigene Darstellung)

Modifikationsmöglichkeiten und Tipps

Wie wir bereits erwähnt haben, ist eine nicht-teilnehmende Beobachtungs-
form nur möglich, wenn ein Mitarbeitender oder ein Praktikant als Beobachter neben dem Lehrenden eingesetzt werden kann. Außerdem kann
die Methode sehr gut mit anderen Instrumenten kombiniert werden. Die
Teilnehmenden können auch zur Selbstbeobachtung und -einschätzung
aufgefordert werden, die dann mit den Einschätzungen des Lehrenden ab-
geglichen wird.

Als technisches Hilfsmittel der Beobachtung können Videoaufzeichnungen genutzt werden. Insbesondere in Rhetorik-Kursen oder Seminaren
zu Präsentationstechniken empfiehlt es sich, Übungen, Rollenspiele, Kurz-
vorträge usw. aufzunehmen, um sie dann systematisch auszuwerten. Dabei
können auch die anderen Teilnehmenden um ihre Einschätzung gebeten
werden.

Material für die Praxis

CHECKLISTE 1

Kriterien zur Beurteilung eines Kurzvortrags im Seminar „Präsentationstechniken"

Aufbau und Gliederung des Themas

☐ logische Abfolge
☐ roter Faden
☐ Einleitung und Schluss

Sprache/Rhetorik/Gestik/Mimik

☐ Verständlichkeit
☐ Aussprache
☐ Sprachtempo
☐ Lautstärke/Stimmführung
☐ Erklärung der Fachbegriffe
☐ freier Vortrag
☐ Gesichtsausdruck

Medieneinsatz

☐ Angemessenheit
☐ Vielfalt
☐ Verständlichkeit
☐ Lesbarkeit

Auftreten/Kontakt zum Publikum

☐ Selbstsicherheit
☐ Blickkontakt
☐ Rückfragen

CHECKLISTE 2

Dokumentation einer Beobachtung

Kurs-Nr.	Uhrzeit	Datum	Titel

Lernklima/Atmosphäre

Fragen der Teilnehmenden

Schwierigkeiten/Probleme

Absprachen/Hausaufgaben

Anmerkungen/Besonderheiten

CHECKLISTE 3

Vorbereitung einer Beobachtung

Ziel der Kompetenzenzerfassung

o Warum beobachte ich?
o Was will ich durch die Beobachtung erreichen oder verbessern?

Lernziele

o Was genau sollen die Teilnehmenden können?
o Welche Kompetenzen sollen sie entwickeln?

Festlegung der Beobachtungskriterien

o Wie kann ich feststellen, ob die von mir angezielten Kompetenzen erworben oder weiterentwickelt wurden?
o Was kann ich beobachteten und was lässt sich nur mit anderen Methoden erfassen?

 Weiterführende Literatur

Jäger, R.S. (2007): Beobachten, beurteilen und fördern! Lehrbuch für die Aus-, Fort- und Weiterbildung. Landau
Uemminghaus, M. (2007): Arten von Lernstandortbestimmung. In: Kaiser, A. u.a. (Hrsg.): Kursplanung, Lerndiagnose und Lernberatung. Bielefeld, S. 41–68

6.2 Lerntagebuch

Einstieg

Das Lerntagebuch wird als Evaluationsinstrument zur Lernprozesskontrolle und zur Lernstandortbestimmung eingesetzt. Es dient als ein „Lernbegleiter" und führt die Lernenden an einen aktiven, selbstreflexiven und eigenverantwortlichen Umgang mit dem eigenen Lernprozess heran. Das Lerntagebuch ist ein Instrument, das die im bisherigen Leben erlangten Kompetenzen ermittelt und dokumentiert. Lernende reflektieren im Tagebuch ihre konkreten Lernfortschritte im Verlauf des gesamten Lernprozesses. Auch können hier Ziele, Wege und Spezifika des eigenen Lernens erfasst und dokumentiert werden.

Die Nutzer eines Lerntagebuchs erhalten die Möglichkeit, neben dem eigenen Lernverhalten, neben Lernstrategien und -inhalten auch die Gruppendynamik, das Gruppenklima und die eigenen Gefühle und subjektiven Wahrnehmungen zu reflektieren und aufzuschreiben. Dies geschieht anhand verschiedener Anleitungen im Lerntagebuch, beispielsweise durch gezielte Fragen nach Arbeitsweisen, Lernformen, Lernfortschritten und Schwierigkeiten.

Kompetenzen werden im Lerntagebuch in erster Linie in Form einer Selbstevaluation, mit Blick auf die vorgegebenen Fragen und Strukturen des Tagebuchs aber auch als Fremdevaluation erfasst.

Ziel und Zweck

Das Lerntagebuch unterstützt den Lernenden dabei, seine eigenen individuellen Ziele mit denen der Lehrenden abzugleichen und in Einklang zu bringen. Die gemeinsam vereinbarten Lernziele sowie ein gemeinsam gestalteter Lernweg werden im Lerntagebuch festgehalten und immer wieder auf ihre Aktualität hin überprüft. Im Team werden kurz-, mittel- und langfristige Lernziele sowie Grob- und Feinziele für den Lernprozess ausgearbeitet.

Die Arbeit mit dem Lerntagebuch ist subjekt- und handlungsorientiert und zielt auf eine Kompetenz- statt eine Defizitorientierung. Lernstärken als auch Lernprobleme können leicht erkannt und durch die Hilfe des Lehrenden weiter gestärkt bzw. behoben werden. Das Lerntagebuch hilft den Lernenden bei der Reflexion über:

o   Fakten und Inhalte,
o   ihr eigenes Wissen,
o   die eigenen Erfahrungen und Gedanken,
o   Ziele und Kriterien (z.B. Kompetenzbeschreibungen),
o   eigene Vorgehensweisen,
o   Vorgehensweisen von Mitlernenden.

Anwendungsbereiche

Generell kann ein Lerntagebuch in allen Weiterbildungskursen eingesetzt werden. Vorzuziehen sind dabei längerfristig angelegte Lernprozesse, da die Arbeit mit dem Tagebuch regelmäßig festgelegte Zeiten zur Bearbeitung und Bewertung benötigt.

Voraussetzungen

Für die Lehrenden ist die Arbeit mit dem Lerntagebuch eine große Herausforderung und bedarf einer angemessenen Vorbereitung. Wenn Zeiten zum regelmäßigen und aktiven Arbeiten mit dem Lerntagebuch in den Unterricht einbezogen werden, so unterstützt dies die Teilnehmenden, sich mit dem Lerntagebuch zu befassen.

Zu Beginn der Veranstaltung ist eine inhaltliche Einführung in die Arbeit mit dem Instrument empfohlen. Dabei sollten folgende Fragen mit den Teilnehmenden geklärt werden:

o   Was ist ein Lerntagebuch?
o   Wie arbeite ich und wie arbeitet jeder Einzelne mit dem Tagebuch?
o   Welche Materialien befinden sich in unserem Hefter? Was soll hinzugefügt werden und was dürfen wir hinzufügen?
o   Welche Modifikationsmöglichkeiten gibt es?
o   Wird das Lerntagebuch zum Ende der Lernveranstaltung bewertet? Geschieht dies mittels Selbst- und/oder Fremdbewertung?

Zum Aufbau und zur Durchführung eines Lerntagebuchs findet sich ein Merkblatt für die Lehrenden und Lernenden am Ende des Kapitels (→ Checkliste 4, S. 66).

Weiterhin besteht die Möglichkeit, den Einstieg in die Arbeit mit dem Lerntagebuch durch verschiedene Hilfsmittel oder Strategien zu unterstützen. So können z.b. mit einer **Kartenabfrage** erste Einschätzungen, Ängste und Befürchtungen, aber auch positive Annahmen und Anregungen vonseiten der Tagebuchnutzer formuliert und gemeinsam diskutiert werden. Die Teilnehmenden schreiben dabei ihre Gefühle, Ideen, etc. auf Karteikarten. Diese werden danach an einer Pinnwand gesammelt und besprochen. Der Schwerpunkt liegt hierbei auf der Selbsteinschätzung durch die Teilnehmenden. Sie reflektieren durch gezielte Anleitung, die das Lerntagebuch vorgibt, ihren Lernprozess. Dies schließt aber nicht aus, dass sich eine Fremdbewertung durch den Lehrenden anschließen kann. Dafür muss dieser jedoch über fundierte Kenntnisse zu anderen Methoden der Kompetenzerfassung verfügen.

Durchführung und Vorgehen

Das Lerntagebuch kann ein Buch, eine Mappe oder ein Heftordner sein. Mappen und Ordner in DIN-A4-Größe (→ Beispiel für ein Lerntagebuch, S. 69) sind praktisch, weil während des Seminars weitere lose Blätter hinzugefügt oder die Inhalte mittels Register individuell sortiert werden können. Die Lernenden arbeiten zwar selbstständig mit dem Instrument, sie erhalten aber Anleitung und Unterstützung durch die Lehrenden. Letztere können entscheiden, wie das Tagebuch gestaltet werden soll und wie viel Zeit zur Bearbeitung gewährt wird. Als Leitsatz gilt: Je anspruchsvoller das Lerntagebuch gestaltet wird, desto höher ist auch die Motivation, mit dem Instrument zu arbeiten. Je eine Checkliste zur Durchführung eines Lerntagebuchs für die Lehrenden und die Nutzer → S. 66f.

Die Arbeit mit dem Lerntagebuch sollte in den gesamten Lernprozess eingebunden werden. Dabei ist darauf zu achten, dass feste Zeiten zum Arbeiten mit dem Instrument eingeplant werden. Sinnvoll ist es, die individuelle Reflexion der Lernenden mit einem anschließenden Gruppengespräch oder Lernberatungsgespräch zu verbinden.

Mithilfe des Lerntagebuchs können auf zwei unterschiedlichen Wegen Kompetenzen erfasst werden: durch eine Selbsteinschätzung oder durch eine Bewertung. Hierzu finden Sie am Ende des Kapitels einen Selbsteinschätzungsbogen für Kompetenzen und Ziele (→ S. 70).

Bei der Selbsteinschätzung reflektieren und bewerten die Lernenden die Einträge ihres Lerntagebuchs. Dies geschieht anhand von Fragen. Diese lassen sich in vier Bereiche unterteilen:

o   die sachliche Erklärung,
o   die persönliche Bewertung,
o   die emotionale Wahrnehmung,
o   die Selbstreflexion.

Auf jeder Evaluationsebene werden die Lernenden aufgefordert, über ihr Lernverhalten, ihre Lernerfolge, Misserfolge, Lerninhalte und Gefühle nachzudenken.

Feed-back?
Evaluation

Vier Evaluationsebenen

Sachliche Erklärung

Beantworten Sie die unten stehenden Fragen. Geben Sie so viele Beispiele wie möglich!

o Was interessiert mich?
o Warum habe ich das Thema gewählt?
o Was möchte ich am Ende des Kurses genauer wissen, können, erfahren haben o.Ä.?
o Was ist mir wichtig geworden?
o Wie habe ich mich selbst in meinem eigenen Lernprozess wahrgenommen? Was daran ist mir vertraut – und was daran ist neu?
o Was macht mich zufrieden und was unzufrieden?
o Wie sehen meine nächsten Schritte aus?
o Was habe ich Neues entdeckt?
o Was habe ich vermisst?
o Woran werde ich noch weiterarbeiten?
o Was habe ich umgesetzt?
o Was möchte ich noch umsetzen?

Persönliche Bewertung

Geben Sie eine Erklärung zum gelernten Sachverhalt und nennen Sie Ihren persönlichen Bezug dazu.

o Was ist in Bezug auf den gelernten Inhalt für mich wichtig?

o Wofür und wann kann ich das Gelernte anwenden?

o Warum sind die neuen Erkenntnisse für mich wichtig?

o Wie bewerte ich den bisherigen Lernerfolg?

o Wie bewerte ich die bearbeiteten Aufgaben?

o Was ist meiner Meinung nach bis hierhin gut gelaufen? Wo sehe ich Verbesserungen für mein weiteres Lernverhalten?

o Wie wirkt sich die Arbeit im Projekt auf meine Motivation aus? Woran möchte ich unbedingt noch arbeiten?

Emotionale Wahrnehmung

Nennen Sie Gefühle, die bei Ihnen während des Lernprozesses aufgetreten sind.

o Welche Gefühle löst das Gelernte aus?

o Wie wichtig ist das Gelernte für mich?

o Was denke und fühle ich in Bezug auf die aktuelle Lernsituation?

o Wie fühle ich mich bei der Umsetzung des Lernstoffes?

o Wie ist die Gruppenatmosphäre?

Selbstreflexion

Schätzen Sie Ihr eigenes Lernverhalten und den Transfer des Gelernten in den Alltag ein.

o Was habe ich gelernt? Was möchte ich noch lernen?

o Wie gut schätze ich insgesamt meine Leistung ein?

o Was will ich erreichen?

o Was tue ich, um das Ziel zu erreichen? Wie tue ich das? Warum tue ich dies so?

o Wie und wann werde ich meine Ziele erreichen?

o Was fiel mir bei der Erarbeitung/Wertung der Inhalte leicht? Was fiel mir schwer? Warum?

o Welcher Lernimpuls im Kurs hat dazu verholfen, das Gelernte umzusetzen?

o Welches eigene Alltagsverhalten ist eingetreten?

o Welcher Transfer von Kurserfahrungen auf das eigene Leben hat stattgefunden?

o Kann ich das Gelernte für den Alltag nutzen, wie gelingt mir das?

Werden die Fragen bei der Evaluation nicht zu offen formuliert, fällt den Lernenden der Reflexionsprozess leichter. Der Lernende wird dazu aufgefordert, die Fragen so detailliert und gewissenhaft wie möglich zu beantworten. Hat der Lernende alle Fragen beantwortet, kann er seine Antworten sortieren und nach selbst gewählten Kriterien in eine Rangfolge bringen oder in Form einer *Mindmap* darstellen.

Schlussfolgerungen dieser Bewertung können beispielsweise sein: „Aufgabe A möchte ich sofort erledigen." ... „Die Inhalte aus Fach X brauche ich nicht mehr lernen, die beherrsche ich sehr gut." ... „Ziele D und E möchte ich noch erreichen." Der Lernende wird auf diese Weise in die Lage versetzt zu erkennen, was ihm bereits gut gelungen ist oder woran er noch arbeiten möchte.

Die zweite Möglichkeit, anhand des Lerntagebuchs Kompetenzen zu erfassen, ist die Bewertung durch den Lehrenden. Auch hier helfen die oben formulierten Fragen. Der Lehrende nimmt dafür nach der Selbstbewertung der Lernenden eine weitere Bewertung durch.

Da im Lerntagebuch sowohl Fragen zu sachlichen Inhalten, zu Emotionen und zu Reflexionen über das Thema oder den Kurs gestellt worden sind, gibt es bei der Bewertung der Antworten kein einfaches „Richtig" oder „Falsch". Es geht vielmehr darum, die Lernenden dazu aufzufordern, über die Fragen nachzudenken und ihren Lernweg zunächst selbstständig zu reflektieren und zu beurteilen.

Damit die Antworten mit denen der Mitlernenden verglichen werden können, formuliert der Lehrende Kriterien. Um diese Kriterien bilden zu können, ist es nötig, die Wünsche und Ziele der Teilnehmenden mit den Zielen der Kursleitenden abzugleichen. Zur Bewertung der Antworten teilt der Kursleitende jeder Frage, die er im Evaluationsverfahren gestellt hat, Kriterien zu. Dies können Teilantworten oder persönliche Aspekte in der Beantwortung sein, z.B. die persönliche Einschätzung eines eigenen Lernerfolgs. Für jedes vorhandene Kriterium einer Frage wird ein Punkt vergeben.

BEISPIEL

Nehmen wir als Beispiel aus der Kategorie Persönliche Bewertung die Frage: „Wofür und wann kann ich das Gelernte anwenden?" Kriterien zur Beantwortung der Fragen und Punktezuweisungen können sein:

o Was macht der Teilnehmende persönlich mit dem Gelernten? = 1 Punkt
o Beachtet der Teilnehmende die Aufforderung, über „persönliche" Situationen nachzudenken und nicht nur über Arbeitssituationen oder private Situationen (Familienleben, Privatleben, etc.) oder Situationen im Ehrenamt? = 1 Punkt für die Nennung jeder Situation
o Gibt der Teilnehmende Beispielsituationen an? = 1 Punkt für jede Beispielsituation
o Wozu dienen die gelernten Inhalte genau? = 2 Punkte je Nennung
o Wann/wo/wie fördert das Gelernte den Teilnehmenden? = 2 Punkte je Nennung

Für jede Frage, die im Evaluationsverfahren gestellt wird, muss ein solcher Kriterienkatalog erstellt und die jeweilige Punktvergabe festgelegt werden. Wenn alle Teilnehmenden die Fragen beantwortet haben und die Punkte verteilt wurden, erfolgt der letzte Schritt. Dabei werden alle Teilnehmenden miteinander verglichen und die Antworten in Beziehung zueinander gesetzt. Dabei bestimmt der Kursleitende für jede Frage eine Minimal-, Maximal- und Durchschnittspunktezahl, so dass ein Notenspektrum (Note 1 bis 6) festgesetzt werden kann. Nun können den einzelnen Teilnehmenden Noten gegeben und diese miteinander verglichen werden. Ein Beobachtungsbogen inklusive eines Beispiels dazu ist am Ende des Kapitels untergebracht (→ S. 72).

Vorteile	Nachteile
Es wird eine Reflexion über den eigenen Lernprozess angeregt.	Es kann Resignation hervorgerufen werden.
Das Lerntagebuch ist individuell gestaltbar.	Die Erstellung eines Lerntagebuchs ist sehr zeitaufwendig.
Das Lerntagebuch hilft bei der Selbstauswertung.	Es werden möglicherweise negative Assoziationen hervorgerufen.

Vorteile	Nachteile
Die Erstellung eines Lerntagebuchs motiviert dazu, sich Lernstoff anzueignen.	Unter Umständen wird ein Lerntagebuch als Kontrolle des Lernens wahrgenommen.
Eine Selbst- und Fremdreflexion wird möglich.	Die Selbstevaluation ist evtl. für die Teilnehmer ungewohnt.
Lerninhalte und Emotionen werden sichtbar gemacht.	Eine Auswertung der Inhalte ist sehr komplex.

Tabelle 3: Vor- und Nachteile des Lerntagebuchs (eigene Darstellung)

Modifikationsmöglichkeiten und Tipps

Eine Abwandlung des Lerntagebuchs ist das **Projekttagebuch.** Ein solches Tagebuch kann in Form eines echten, gebundenen Buches oder als eine Datei auf dem Projektserver angelegt werden. Nach Art eines Logbuchs wird in einem Projekttagebuch alles, was erwähnenswert scheint, für den späteren Gebrauch festgehalten. Das können Aufgaben, Ereignisse, Vorhaben usw. sein. Zu der im Tagebuch zu erfassenden Aufgabe werden z.B. die Projektbeteiligten, der Beginn der Aufgabe, das Datum der voraussichtlichen Erledigung, die Art und die Wichtigkeit der Aufgabe sowie die zugehörigen Dokumente (E-Mails, Briefe, Terminpläne, Protokolle, Fotos, Lerntechniken, Lerngruppen u. a.) erfasst. Darüber hinaus hilft es, bereits während der Durchführung der Aufgabe Ergebnisse zu sammeln, zu dokumentieren und zu ordnen. Somit spiegelt das Projekttagebuch später den tatsächlichen Ablauf eines Projekts, die einzelnen Arbeitsschritte und die Verantwortlichkeiten wider.

Nach Abschluss des Projekts wird anhand des Tagebuchs deutlich, wo Erfolge (z.B. Lernfortschritte) gemacht wurden oder wo Bedarf besteht, Lerninhalte nachzuarbeiten. Sichtbar wird aber auch, welche Lernmethoden und Reflexionsarbeiten richtig waren und zum Lernerfolg geführt haben.

Der Aufbau eines Projekttagebuchs kann in zwei Bereiche unterteilt werden: zum einen in einen inhaltlichen Bereich, in dem Aufgaben und Planungsschritte formuliert werden, zum anderen in einen Bereich für persönliche Eindrücke und deren Reflexion. Durch gezielte Fragen können diese Bereiche individuell bearbeitet werden.

Aufgaben und Planung

o Welche Aufgaben wurden seit dem letzten Eintrag im Projekttagebuch durchgeführt und abgeschlossen (Recherchen, Dokumente etc.)?

o Wann und wo fanden Gruppentreffen statt? Wer war beteiligt und hat dabei welche Aufgabe in der Gruppe übernommen?

o Welche Ergebnisse wurden erzielt?

o Welche Aufgaben und Ziele wurden als nächstes innerhalb der Gruppe vereinbart?

o Welche Aufgaben stehen jetzt an? Wer übernimmt sie?

o Welche Veränderungen sollten im Projektablauf vorgenommen werden?

Persönliche Eindrücke und Reflexion

o Was denke und fühle ich in Bezug auf die aktuelle Situation des Projekts?

o Wie bewerte ich den bisherigen Projektverlauf?

o Wie bewerte ich die abgeschlossenen Aufgaben?

o Was ist meiner Meinung nach bis hierhin gut im Projekt gelaufen? Wo sehe ich Verbesserungen für die weitere Arbeit im Projekt?

o Wie wirkt sich die Arbeit im Projekt auf meine Motivation aus? Woran möchte ich unbedingt noch arbeiten?

o Wie ist die Gruppenatmosphäre?

o Welche Konsequenzen ziehe ich aus meinen Überlegungen über die aktuelle Situation und für zukünftige Projekttreffen?

Es ist wichtig, dass von jedem Projektmitglied regelmäßig Einträge vorgenommen werden. Wie ein solches Projekttagebuch beispielhaft aussehen kann, zeigen wir im Folgenden.

BEISPIEL

Projekttagebuch					
Datum	Inhalte	Aufgaben	erledigte Aufgaben	persönliche Einschätzung	persönliche Reflexion

Eine weitere Variante des Lerntagebuchs ist das **Weblog.** Der Begriff „Weblog" oder (auch kurz „Blog") ist zusammengesetzt aus dem englischen Wort „Web" (für „www") und „Log" (für Logbuch). Ein Weblog oder ein Blog ist ein persönliches Tagebuch, das online im Internet geführt wird. Für die Arbeit mit Weblogs im Bildungsbereich entscheidet der „Blogger", ob sein Blog öffentlich einsehbar ist oder privat geführt wird. Ein Blog kann unterschiedlich aufgebaut sein, es kann eine Linksammlung, News, Fotos, Essays oder Kommentare zu anderen Sites oder Blogs enthalten. Es handelt sich in der Regel um eine Sammlung von Artikeln oder Einträgen von einem oder mehreren Verfassern. Die Einträge sind chronologisch geordnet, der neueste erscheint immer zuoberst. Leserinnen und Leser haben die Möglichkeit, die Artikel zu kommentieren und zu diskutieren.

Weblogs sind vergleichbar mit Newslettern oder Kolumnen, jedoch persönlicher, aber auch selektiver und häufig sehr einseitig kommentiert. Zur Nutzung des Weblogs für Bildungsprozesse schreibt der Autor seine Gedanken zum Lernstoff, zu seinen Lernerfolgen oder auch Misserfolgen auf. Im Zuge dieser Verschriftlichung ist er aufgefordert, diese selbst zu reflektieren. Da es bei den meisten Blogs eine Kommentarfunktion gibt, können auch die Leser den Eintrag kommentieren. Dadurch entstehen letztlich Diskussionen, die das selbstorganisierte Lernen unterstützen.

Mithilfe einer einfachen Software können Weblogs auch von ungeübten Internetnutzern geführt werden. Vorher ist aber zu fragen, wie vertraut die Teilnehmenden mit Computer und Internet sind, ob sie ausreichend Kenntnisse im Umgang mit Daten im Netz haben oder ob der Veranstaltungsraum überhaupt über eine genügende Anzahl von Computern und einen Internetzugang verfügt. Darüber hinaus ist zu überlegen, welche Erwartungen Lernende und Lehrende mit der Nutzung des Weblogs verbinden und ob dessen Einsatz sinnvoll und gewinnbringend ist.

Für die Arbeit mit Lerntagebüchern, Projekttagebüchern und Weblogs ist es wichtig, die Struktur all dieser Instrumente auf die Lernenden, die Lernziele und die Seminarlänge abzustimmen. Ihre Verwendung sollte immer durch eine unterstützende Beratung begleitet werden. Sie eignen sich aber auch für die Begleitung und Unterstützung von Beratungsgesprächen, insbesondere in der Bildungs- und Lernberatung.

Ein weiteres Instrument der Kompetenzerfassung stellt das **Portfolio** dar; dies wird im folgenden Abschnitt ausführlicher beschrieben. Daneben gibt es aber auch noch das **Onlinejournal,** das ähnlich wie das Lerntagebuch aufgebaut ist, zudem aber die Möglichkeit der Bearbeitung am PC und des Austauschs mit anderen Lernenden über das Internet bietet.

Material für die Praxis

CHECKLISTE 4

Durchführung eines Lerntagebuchs für die Lehrenden

Organisatorisches:

☐ Habe ich einen Stundenplan und einen Kalender beigefügt?

☐ Zu welchen Zeiten wird mit dem Lerntagebuch gearbeitet?

☐ Sind Teilnehmerlisten beigefügt?

☐ Welche Informationen über die Lehrenden der Einrichtung werden gegeben?

☐ Wie sieht die Gesamtorganisation des Kurses/der Einrichtung aus?

☐ Habe ich eine Übersicht über die Lerninhalte, -wege und -ziele (insgesamt und für jede Unterrichtsstunde) erstellt?

☐ Welche offenen Fragen und Verständnisfragen helfen den Lernenden bei der Bearbeitung des Lerntagebuchs?

☐ Habe ich Platz für freie Notizen gelassen?

Lerngeschehen:

☐ Welche Lernziele sollen erreicht werden?

☐ Welche Interessen bringen die Lernenden mit?

☐ Welche Ergebnisse, Erkenntnisse und welches neue Wissen sollen nach jeder Lerneinheit/nach dem Seminar beim Lernenden vorhanden sein?

☐ Wo und wie können Lernende Notizen zu den Inhalten des Lernstoffs formulieren?

☐ Welche Fortschritte sind zu erwarten?

Persönliche Empfindungen:

☐ Wie möchte ich mit den Lernenden umgehen?

☐ Beschreiben Sie Ihre Emotionen, Hoffnungen, Erwartungen, Wünsche, Vorhaben, Befürchtungen, Ängste etc.

☐ Beschreiben Sie Ihre Selbstbewertung in der Gruppe.

CHECKLISTE 5

Durchführung eines Lerntagebuchs für die Lernenden

Organisatorisches:

☐ Sind dem Lerntagebuch ein Stundenplan und ein Kalender beigefügt? Bin ich mit der Gestaltung und Planung einverstanden?

☐ Wie beurteile ich die Gesamtorganisation des Kurses?

☐ Fehlen mir noch Informationen über die Lehrenden der Einrichtung? Wenn ja, was möchte ich noch wissen?

☐ Welche Informationen benötige ich über die Einrichtung?

☐ Zu welchen Zeiten möchte ich mit dem Lerntagebuch arbeiten? Wie passt das in das Gesamtkonzept?

☐ Bin ich mit der Strukturierung der Lerninhalte, -wege und -ziele einverstanden?

☐ Welche Fragen sind jetzt noch offen? Habe ich Verständnisfragen? Wenn ja, welche?

☐ Was fällt mir noch ein?

Lerngeschehen:

☐ Welche Lernziele habe ich? Wie soll mein Lernweg aussehen?

☐ Welche Interessen bringe ich mit (allgemein und in Bezug auf die Lehrveranstaltung)?

☐ Kann ich bereits Ergebnisse und Erkenntnisse einbringen? Wenn ja, welche?

☐ Welches neue Wissen wünsche ich mir?

☐ Bin ich mit den Inhalten des Lernstoffes einverstanden? Wenn nein, was wünsche ich mir?

☐ Wie kann ich meine Fortschritte für die Lehrveranstaltung festhalten und reflektieren? Wie häufig möchte ich das machen?

Persönliche Empfindungen:

☐ Wie ist der Umgang mit den Mitschüler/inne/n und mit den Lehrenden?

☐ Welche Emotionen empfinde ich in Bezug auf die Lerngruppe, den Lehrenden, den Lernstoff, meinen/unseren Lernweg, mein/unser Lernziel?

☐ Welche Hoffnungen, Erwartungen, Wünsche, Vorhaben, Befürchtungen, Ängste etc. habe ich?

☐ Wie finde ich mich in der Gruppe zurecht?

Merkblatt für die Handhabung eines Lerntagebuchs

Was ist ein Lerntagebuch und warum wird es eingesetzt?

Ein Lerntagebuch wird zur Unterstützung des Lernprozesses eingesetzt und dient der Kompetenzerfassung. Es hilft, die Lernergebnisse festzuhalten und eigene Lernstrategien zu erkennen und weiterzuentwickeln. Es ist Ihr ständiger Lernbegleiter, mit dessen Hilfe Sie alle Ideen und Gedanken zum Lernen strukturieren können. Ziel ist es, für sich zu beantworten,

o wann Sie etwas Neues gelernt haben,

o wann Freude beim Lernen entsteht,

o wann sich Erfolg einstellt und wann weniger,

o wie Sie Einfluss auf den Lernprozess nehmen können,

o welche Kompetenzen Sie erlangt haben.

Wie wird das Lerntagebuch geführt?

Das Lerntagebuch ist eine Kladde oder ein Hefter im DIN-A4-Format. Sie sollten jeden Tag, vielleicht am Ende der Unterrichtseinheit Ihre Eintragungen machen. Das hilft, sich an den Lernstoff zu erinnern und fördert Ihre Reflexion der Lernerlebnisse. Kreativität ist erwünscht!

Reflexion der Inhalte

Was war das Thema der Stunde? Was haben Sie gelernt? Wussten Sie bereits etwas über das Thema? Was war für Sie neu? Wurden neue Begriffe oder Definitionen eingeführt? Wenn ja, welche? In welchem Zusammenhang stehen diese neuen Begriffe mit bereits bekannten Begriffen? Was ist Ihnen nicht klar geworden? Was möchten Sie in der nächsten Seminarstunde den Lehrenden/die Mitlernenden fragen? Haben Sie Ihr Lernziel erreicht? Wenn nicht, was können Sie ändern?

Die Bewertung des Lerntagebuchs

Ihr Lerntagebuch wird von Ihnen ausgewertet. Sie beschreiben Ihren Lernprozess, Ihre Lernfortschritte, aber auch Ihre Lernprobleme. Sie können aber gerne mit dem Lehrenden Kontakt aufnehmen, so dass er Ihre Eintragungen ebenfalls auswertet.

BEISPIEL

Lerntagebuch

Name des Nutzers/der Nutzerin: _____

Name der Bildungseinrichtung: _____

Art der Veranstaltung: _____

Dauer der Veranstaltung: _____

geplanter Abschluss: _____

Name des/der Dozenten/in: _____

Gruppengröße: _____

Was habe ich gelernt?

Beschreiben Sie hier Ihren aktuellen Lernstand. Beantworten Sie die Fragen so offen und detailliert wie möglich. Formulieren Sie ganze Sätze. Beantworten Sie die Fragen gewissenhaft und detailliert. Aktualisieren Sie diesen Abschnitt während der Weiterbildungsmaßnahme regelmäßig. Beschreiben Sie Ihre Lerninhalte und reflektieren Sie detailliert Ihre Lernergebnisse.

o Was habe ich heute/diese Woche/im gesamten Seminar gelernt?

o Welche Themen wurden in der letzten Stunde/heute bearbeitet? Was habe ich dabei gelernt?

Das muss ich noch tun?

Beschreiben Sie so detailliert und ausführlich wie möglich Ihre nächsten Schritte und Vorhaben.

o Was möchte ich noch lernen und woran möchte ich noch weiterarbeiten? Wann? Wo? Wie?

Das soll mein Lernschwerpunkt für den folgenden Tag/für die folgende Woche werden:

o Was muss ich bis morgen/bis Ende der Woche können/lernen, damit sich ein Lernerfolg einstellt?

o Was muss ich bis morgen/bis Ende der Woche arrangieren/erkennen, damit ich mich wohl fühle?

o Was muss ich bis morgen/bis Ende der Woche tun/können, damit ich sagen kann, es hat sich gelohnt dafür zu arbeiten?

Das sind meine Erfolge

Hier geht es um Ihre persönliche Auswertung Ihrer Lerninhalte und Lernerfolge. Beantworten Sie die Fragen so offen und detailliert wie möglich. Formulieren Sie ganze Sätze. Beantworten Sie die Fragen gewissenhaft und detailliert.

○ In welchen Situationen habe ich den Lernstoff erfolgreich bewältigt?
○ Was kann ich nach Abschluss der Bildungsmaßnahme besonders gut?
○ Was möchte ich meinen Mitmenschen über meinen Erfolg mitteilen? (Beschreiben Sie z.B. ein Gespräch mit einem/r Freund/Freundin.)
○ Wenn ich mit einem/r Kollegen/in ein Einstellungsgespräch durchspiele, sage ich:
○ Welche besonderen Kompetenzen besitze ich nun?

CHECKLISTE 7

Selbsteinschätzungsbogen für die Lernenden I – Eigene Kompetenzen

Meine Kompetenzen

Datum:

Fachkompetenzen, soziale, Kompetenzen, Methoden-kompetenzen, personale Kompetenzen
○ Was kann ich besonders gut?
○ Was gefällt mir an mir gut?
○ Welche Kompetenzen besitze ich?
○ Welche meiner Kompetenzen finde ich gut?
○ Was habe ich in der letzten Woche Neues gelernt?
○ Welche inhaltlichen Themen habe ich erarbeitet?

Meine Kompetenzen

Datum:

○ Was habe ich in Bezug auf meine Person gelernt? (personale und soziale Kompetenz)
○ Was kann ich jetzt besonders gut?

Selbsteinschätzungsbogen für die Lernenden II – Eigene Ziele

Meine Ziele

Datum:

So war meine Woche:

o Was möchte ich noch lernen?
o Welche Ziele möchte ich erreichen?
o Wie kann ich meine Ziele erreichen?
o Welche Hilfe brauche ich, um meine Ziele zu erreichen?
o An welchen Inhalten möchte ich weiterarbeiten? Wann? Wo? Wie?
o Wie sehen meine nächsten Schritte genau aus?
o Was ist wichtig für die nächste Woche?

CHECKLISTE 8

Beobachtungsbogen zur Reflexion über das eigene Lernverhalten

Dieser Beobachtungsbogen dient Ihrer Selbstreflexion des Lernstoffes. Denken Sie über Ihr eigenes Lernverhalten, den eigenen Lernprozess und eigene Lernergebnisse nach. Die folgenden Fragen können Ihnen dabei helfen. Tragen Sie ihre Reflexionsgedanken regelmäßig in das folgende Beispiel ein, so dass Sie am Ende der Lernveranstaltung einen fundierten Überblick über Ihr Lernverhalten haben. Gespräche mit der Kursleitung über diesen Beobachtungsbogen sind jederzeit möglich.

Fragen zum eigenen Lernverhalten:

o Wann und wie oft habe ich gelernt?
o Welche Lerntechnik habe ich dabei angewandt?
o War die Lerntechnik sinnvoll?
o Was hat mir besonders gut gefallen?
o Was hat mir nicht gefallen?
o Was muss ich noch nacharbeiten?
o Wo brauche ich Hilfe von den Mitlernenden oder dem Lehrenden?

Beobachtungsbogen – Reflexion über das eigene Lernverhalten					
Fach X	Montag	Dienstag	Mittwoch	Donnerstag	Freitag
Woche 1					
Woche 2					
Woche 3					
Woche …					

Weiterführende Literatur und Links

Gläser-Zikuda M./Hascher, T. (2007): Lernprozesse dokumentieren, reflektieren und beurteilen. Lerntagebuch und Portfolio in Bildungsforschung und Bildungspraxis. Bad Heilbrunn

Knoll, J. (2008): Lern- und Bildungsberatung. Professionell beraten in der Weiterbildung. Bielefeld

Rambow, R. (2008): Hinweise zur Erstellung des „Lerntagebuchs". URL: www.psy.uni-muenster.de/Psychologie.inst3/AEbromme/service/leitfaden/lerntagebuch.html (Stand: 29.07.2009)

Eine Website zur Erstellung eines eigenen Weblogs finden Sie unter: www.blog.de

6.3 Portfolio

Einstieg

Ein Portfolio ist eine Mappe, in der bestimmte Dokumente gesammelt und geordnet werden. Im Bildungsbereich bezeichnet es eine Zusammenstellung von Dokumenten, die entweder einen Lernprozess oder die Lernbiographie bzw. Ausschnitte aus der Lernbiographie einer Person abbilden. Anhand der Zusammenstellung von Zeugnissen, Zertifikaten, Teilnahmebescheinigungen und Ähnlichem wird es möglich, Lernerfahrungen und -erfolge systematisch zu erfassen und zu belegen. Im Lehr-Lerngeschehen sind Portfolios prozessbegleitend einsetzbar und individuell gestaltbar.

Ziel und Zweck

Portfolios dienen dazu, Lernerfahrungen und -erfolge sowie erworbene Kompetenzen systematisch zu dokumentieren und persönliche Lern- und Weiterbildungsstrategien zu planen. Dies kann beispielsweise die Stellensuche unterstützen, da hier in vielen Fällen erwartet wird, dass solche Materialien und Dokumente vorgelegt werden.

Wesentliches Ziel des Einsatzes von Portfolios in der Weiterbildung ist die Erhöhung der (Selbst-)Reflexivität der Lernenden. Damit wird eine wichtige Voraussetzung für eine stärkere Eigenverantwortung und Selbststeuerung des (lebenslangen) Lernens sowie für eine solide (Selbst-)Einschätzung von Kompetenzen geschaffen. Das Portfolio schafft Bedingungen dafür, dass Lernende im Rahmen der Weiterbildung – und darüber hinaus – selbstorganisiert Kompetenzentwicklungsprozesse anstreben und Lernergebnisse dokumentiert werden können. Im Gegensatz zur vorherrschenden Leistungsüberprüfung anhand von Tests und Assessment-Centern bietet die Arbeit mit Portfolios die Möglichkeit, individuelle, selbstgesteuerte und reflexive Lernvorgänge und individuellen Kompetenzerwerb zu dokumentieren. Die Weiterbildungsarbeit kann stärker auf den einzelnen Lernenden und seine Kompetenzentwicklung ausgerichtet werden. Portfolios eignen sich zudem

für die Präsentation von Leistungen, Werkstücken oder Originalarbeiten gegenüber Dritten, wie z.B. potenziellen Arbeitgebern.

Für die Erstellung eines Portfolios werden in der Regel Ziele und Kriterien durch die Lehrperson formuliert. Anhand von Portfolios können dann
auch Gespräche über Lernen, Leistung und Kompetenzen zwischen Lernen-
dem und Lehrendem stattfinden.

Anwendungsbereiche

Beim Einsatz von Portfolios lassen sich unterschiedliche Varianten finden.
Dabei können fünf verschiedene Typen von Portfolios unterschieden werden:
o   das Arbeitsportfolio,
o   das Entwicklungsportfolio,
o   das Vorzeigeportfolio,
o   das Beurteilungsportfolio,
o   das Bewerbungsportfolio.

Diese fünf Typen werden in unterschiedlichen Bereichen der Weiterbildung
eingesetzt. Je nach Zielsetzung und Zweck sind bestimmte Portfolios anderen vorzuziehen.

Das **Arbeitsportfolio** diagnostiziert den Lernprozess in Bezug auf
Stärken und Schwächen des Nutzers. Wichtig sind hierbei begleitende
Beratungsprozesse. Das Arbeitsportfolio ist eine ausgewählte Zusammenstellung von Arbeiten eines Lernenden zu einem speziellen Lerngegen-
stand. Es kann sowohl abgeschlossene Arbeiten enthalten als auch solche,
die noch in Bearbeitung sind. Es kann von Weiterbildnern zur Beratung
einzelner Teilnehmender in einem Lernprozess herangezogen werden und
ermöglicht so u.a. auch eine adressatenorientierte Weiterbildungspla-
nung.

Veränderungen im Lernverhalten wie -fortschritt werden im **Entwicklungsportfolio** festgehalten. Der Lernende kann dadurch seine eigenen
Lernschritte besser erkennen und beurteilen. Das Entwicklungsportfolio ist
eine Sammlung von Arbeiten über einen längeren Zeitraum hinweg. Hier
können Arbeiten, die zu Beginn eines Lernprozesses erstellt worden sind,

mit solchen, die am Ende eines Lernprozesses stehen, verglichen werden. Damit wird die Kompetenzentwicklung transparent. Das Entwicklungsportfolio kann Grundlage einer Selbst- und Fremdevaluation auf der Basis von vorgegebenen Zielen sein.

Im **Vorzeigeportfolio** werden die besten Arbeiten und Leistungen des Lernenden dokumentiert. Es wird so aufbereitet, dass es für Dritte einsehbar bzw. vorzeigbar ist. Das Vorzeigeportfolio kann in der Weiterbildung z.B. beim Wechsel eines Kurses oder in Einstufungsverfahren eingesetzt werden.

Das **Beurteilungsportfolio** dient dem Namen nach einer Beurteilung von Lernleistungen und ist formeller als die vorangegangenen. Hier wird eine klare Struktur vorgegeben. Es werden verbindliche Aufgaben über Zielsetzung und Beurteilung eingestellt. Hierbei ist besonders auf Objektivität und Zuverlässigkeit der Ergebnisse zu achten. Es dient einer dokumentierten Bewältigung von bestimmten Aufgaben, die sich an einer klar vorgegebenen und klar umgrenzten Menge von Lernzielen orientieren. Es gibt Nachweis darüber, dass bestimmte Lernhandlungen durchgeführt wurden. Beispielsweise in einem Kurs zur Einführung in den Umgang mit Datenbanken kann dies bedeuten, dass, orientiert am Lernziel „Programmierung", verschiedene Programmierungsschritte vom Lernenden selbst durchgeführt und im Portfolio festgehalten werden.

Ein **Bewerbungsportfolio** kann Zeugnisse, Stellenbeschreibungen, Auszeichnungen, Zertifikate, Teilnahmebescheinigungen oder auch Lernerfahrungen und -erfolge systematisch erfassen und persönliche Lernstrategien planen (Gläser-Zikuda/Hascher 2007, S. 12 ff.). Es dient einer Dokumentation des schulischen Werdegangs, erworbener Abschlüsse und ausgewählter Arbeiten und Erfahrungen in verschiedenen Tätigkeitsbereichen. Der Zweck ist, Aufschluss über die Person, ihren Charakter und ihre Fähigkeiten zu erhalten, die über eine Standard-Bewerbung hinausgeht. Neben den üblichen Bewerbungsunterlagen (Foto, Lebenslauf, Zeugnisse) können hier ausgewählte Nachweise und Arbeiten aus einem oder mehreren Bereichen Aufschluss über die individuellen Stärken, Fähigkeiten und Kompetenzen der Person geben.

Voraussetzungen

Für einen erfolgreichen Portfolio-Einsatz gibt es sowohl aufseiten des Lehrenden als auch aufseiten des Lernenden eine Vielzahl von Voraussetzungen, die vorab reflektiert werden müssen. So basiert Portfolio-Arbeit zunächst einmal auf einer Vorstellung von Lernen als einem aktiven Konstruktionsprozess des Lernenden, der von den Lehrenden weit weniger direkt beeinflusst werden kann, als Lehrende sich dies in der Regel erhoffen. Beim Portfolio geht es letztlich darum, selbstbestimmtes Lernen als komplexen Prozess zu reflektieren und mitzugestalten und den Kompetenzerwerb transparent zu machen. Die Kompetenzerfassung liegt daher zu einem großen Teil in der Selbsteinschätzung und -darstellung der Teilnehmenden.

Lehrende begleiten dabei die Prozesse des Lernens und der Kompetenzentwicklung auf der Basis einer expliziten Selbstreflexion der Lernenden und unterstützen diese als eine Art Moderator. Daher müssen sie eine Reihe von Eigenschaften mitbringen, wie Offenheit, Beratungskompetenz und die Bereitschaft, die Lernenden beim selbstständigen Arbeiten zu unterstützen. Zu den Voraussetzungen aufseiten der Lernenden gehören Selbstständigkeit im Lernen, Methodenkompetenz und soziale Fähigkeiten.

Nach Bräuer (2002) basiert erfolgreiche Arbeit mit Portfolios auf einer Reihe von normativen **Vorbedingungen,** die wir im Folgenden detaillierter betrachten wollen.

Portfolio-Arbeit muss unter der Prämisse „Lernen als Prozess" stattfinden.

o Institutionalisierte Leistungsnachweise mit ihrer Ergebnisorientierung und punktuellen Erfassung von Lernergebnissen dürfen nur eine untergeordnete Rolle spielen.

o Arbeitsentwürfe gehören unbedingt zum Portfolio.

o Standards für die Selbstevaluation müssen für jede Lerngruppe und ihre konkreten Lernumstände modifizierbar sein bzw. modifiziert werden.

Portfolio-Arbeit muss einen Brückenschlag zwischen privaten und öffentlichen Sphären des Lernens ermöglichen.

○ Materialien sollen das Zusammenwirken von individueller Lernerwelt und allgemeiner Wissenswelt widerspiegeln.

○ Der Lernprozess hat den gleichen Stellenwert und Rang wie das Lernprodukt.

Portfolio-Arbeit muss die Selbstreflexion langfristig mit sinnvollen und kommunizierbaren Formen ermöglichen.

○ Portfolio-Arbeit erschöpft sich nicht im Zusammenstellen der Materialien für die Mappe (Portfolio), sondern soll Lern- bzw. Handlungsprozesse längerfristig und vielfältig begleiten (z.B. Tagebuch, Arbeitsjournal).

○ Reflexionen über den Lernprozess sind im Idealfall inhaltsbezogen.

○ Die Fähigkeit zur Selbstreflexion muss, da es sich um eine komplexe Anforderung an den Lernenden handelt, regelmäßig geübt und eingefordert werden.

Portfolios können zur alternativen Leistungsbeurteilung genutzt werden.

○ Aufgrund der subjektiven Einschätzung der Qualität eines Portfolios sollten wenn möglich mehrere Personen die Beurteilung vornehmen.

○ Portfolio-Beurteilung umfasst über die Kompetenzbeurteilung hinaus in jedem Fall eine mündliche oder eine schriftliche Kommentierung.

Portfolio-Arbeit ist Teil des Qualitätsmanagements.

○ Wenn Portfolios umfassend und kontinuierlich ausgewertet werden, lassen sich daraus Rückschlüsse auf die Qualität der Weiterbildung ziehen.

○ Da Portfolio-Arbeit vielfältige Kooperationen zwischen Lernenden und Lehrenden erfordert, kann auf deren Grundlage die Effizienz des Lernens hinterfragt und gegebenenfalls verändert werden.

Durchführung und Vorgehen

Das Portfolio ist eine Art Arbeitsmappe. Layout, Seitengestaltung und Schrift sind neben den Inhalten ebenso vorauszusetzen wie Vollständigkeit, Gestaltung und Übersichtlichkeit. Diese Kriterien gelten für alle im Portfolio abgegebenen Arbeiten.

Sollen Portfolios zur Leistungserfassung und zur Belegung eines gewissen Kompetenzstands dienen, müssen die Kriterien, nach denen sie erstellt und schließlich bewertet werden, klar entwickelt und transparent gemacht werden. Dies betrifft sowohl Umfang, Inhalt und sprachliche Gestaltung als auch die äußere Form eines Portfolios. Hierzu sollten die Teilnehmenden von Weiterbildungsveranstaltungen eine Liste erhalten, die die entsprechenden Anforderungen eindeutig festhält (→ Checkliste 10, S. 83).

Die Erstellung eines Portfolios erfolgt idealerweise in vier Arbeitsschritten (vgl. Danielson/Abrutyn 1997).

Arbeitsschritt 1: Stoffsammlung

Sammeln und Sichten von Material unter dem Blickwinkel seiner prinzipiellen Verwendbarkeit für das Portfolio.

Arbeitsschritt 2: Auswahl

Auswählen der Arbeiten, die am besten den vorgegebenen Kriterien und Vorgaben entsprechen.

Arbeitsschritt 3: Reflexion

Schriftliche Beurteilung zu jeder einzelnen Arbeit des Portfolios durch den Lernenden selbst, in der er diese und ihre Bedeutung für den eigenen Lernprozess kommentiert. Damit wird die in Arbeitsschritt 2 vorgenommene Auswahl begründet.

Arbeitsschritt 4: Projektion

Persönliche Evaluation des Portfolios unter dem Blickwinkel der erreichten oder nicht erreichten Ziele und Formulierung von weiteren bzw. weiterführenden Zielvorgaben in einem anhaltenden Lernprozess.

Wie im Portfolio dokumentierte Lernergebnisse und Kompetenzentwicklungsprozesse letztendlich vom Lehrenden beurteilt werden, hängt maßgeblich von den Beurteilungskriterien und somit von den erarbeiteten Zielvorgaben ab (→ Checkliste 12, S. 85). Wesentlich sind dabei die Zielgerichtetheit, Auswahl und Reflexion sowie Kommentierung des eigenen Lernfortschritts und Kompetenzerwerbs der Lernenden.

Bei der Beurteilung können folgende Fragen Hilfestellung geben:

○ Sind die Ziele, die mit dem Portfolio erreicht werden sollten, klar verfolgt?

○ Werden die Lerngegenstände klar umrissen?

○ Wird der Lern- und Kompetenzentwicklungsprozess hinreichend dokumentiert?

○ Werden Lernfortschritte und Kompetenzen erkennbar, die auf der Auseinandersetzung mit den für das Portfolio wichtigen Lerngegenständen beruhen?

○ Gibt es weitere Punkte im Rahmen der Erstellung des Portfolios, die Lernfortschritte in anderen Bereichen anzeigen?

○ Entwickelt der Lernende eine hinreichende Fähigkeit zur Selbstbeurteilung im Rahmen des Lernprozesses?

○ Wird die Auswahl der Arbeiten in hinreichender Weise reflektiert und begründet?

○ Ist eine gleichgewichtige Berücksichtigung von Lernprozess und Lernergebnis bzw. Kompetenzen festzustellen?

○ Zeugt das Portfolio von wachsender Fähigkeit zur Selbstorganisation des Lernenden?

○ Zeigt sich bei der Erstellung des Portfolios eine besondere Gewissenhaftigkeit und Ordentlichkeit?

Prüfungsverfahren herkömmlicher Art, die bestimmte Leistungen im Rahmen eines Lernprozesses messen sollen, widersprechen dabei dem Konzept der Portfolioarbeit nicht, sondern können u.U. eine sinnvolle Ergänzung sein.

Vorteile	Nachteile
Es wird eine Reflexion über den eigenen Lernprozess angeregt.	Es kann Resignation hervorgerufen werden.
Portfolios sind individuell gestaltbar.	Portfolio-Arbeit ist zeitaufwendig.
Es können Lernprozesse in Bereichen dokumentiert werden, die üblicherweise bei der Leistungsmessung und Kompetenzerfassung zu kurz kommen.	Der Rückschluss von Lernprozessbeschreibungen auf zu erfassende Kompetenzen ist zum Teil schwierig.
Die Erstellung eines Portfolios motiviert dazu, sich Lernstoff anzueignen.	Portfolio-Arbeit kann von den Lernenden als Kontrolle des Lernens empfunden werden.
Es wird eine intensivere Kommunikation zwischen Lehrenden und Lernenden intendiert.	Ein dialogischer Prozess der Reflexion und Bewertung erfordert die intensive Auseinandersetzung mit dem Material und jedem Lernenden einzeln.

Vorteile	Nachteile
Es wird nicht nur auf punktuelle Wissens-überprüfung hin gelernt.	Die Vorbereitung und Erstellung ist arbeitsauf-wendig.
Leistungen von Lernenden können anders als bisher beurteilt werden (alternative Leistungs-beurteilung).	Ein Portfolio ist nicht in erster Linie ein Instrument zur Leistungsbewertung, sondern zunächst ein Instrument zur Sammlung und Dokumentation von Leistungsbelegen.
Die Einleitung von didaktischen Veränderun-gen wird ermöglicht.	Die Reflexion des Lehr-Lerngeschehens seitens des Lehrenden ist erforderlich.
Adressat/inn/en werden in den Kompetenzer-fassungsprozess eingebunden.	Aufseiten der Lernenden ist Methodenkompetenz und Selbstorganisationsfähigkeit erforderlich.
Sukzessive erbrachte Leistungen im Portfolio geben ein zuverlässiges Bild über tatsächlich vorhandene Kompetenzen.	Zielvorgaben und erforderliche Arbeitsschritte müssen klar formuliert und transparent sein.

Tabelle 4: Vor- und Nachteile des Portfolios (eigene Darstellung)

Modifikationsmöglichkeiten und Tipps

Das Portfolio kann in Pflicht- und Wahlteile unterteilt werden, bei denen die Wahlteile der persönlichen Ausformung durch die Lernenden selbst unterliegen und der Lernende selbst entscheiden kann, was er in welcher Form als Portfolio-Ergebnis dem Lehrenden einreicht. Daher empfiehlt sich meist eine Loseblattsammlung bzw. eine Art Sammelmappe für diese meist ganz unterschiedlichen und vielfältigen Unterlagen.

Eine Modifikationsmöglichkeit eines Portfolios ist der Einsatz eines **E-Portfolios**. E-Portfolios sind netzbasierte Sammelmappen, die verschiedene digitale Medien und Services integrieren und im E-Learning eingesetzt werden. Die Lernenden kreieren und pflegen ein E-Portfolio als digitalen Speicher der Lernergebnisse, die sie im Verlauf einer Veranstaltung sammeln. Das elektronische Portfolio können Lernende genau wie ein Papier-Portfolio benutzen, um Kompetenz und ihren Lernprozess zu reflektieren. Ein E-Portfolio ähnelt einer persönlichen Webseite. Hauptbestandteil ist die Sammlung von Arbeitsergebnissen, verbunden mit Anmerkungen von anderen Kursteilnehmenden, Lehrenden und persönlichen Reflexionen. E-Portfolios können verschiedene elektronische Dokumente beinhalten, z.b. Hausarbeiten oder Referate als HMTL- oder PDF-Dokument, Fotos einer Exkursion, *Mindmaps* als Diskussionsergebnisse, Audiodateien von Interviews oder Videoaufzeichnungen von Vorträgen oder Debatten.

Die Erstellung von Portfolios ist ein vierstufiger Prozess, wobei die einzelnen Schritte je nach Schwerpunkt der Weiterbildungsveranstaltung und Zielsetzung variieren können. Auch hier gelten die oben genannten Arbeitsschritte.

Arbeitsschritt 1: Stoffsammlung

Das Material für das E-Portfolio wird von den Lernenden gesammelt. Die elektronische Speicherform erlaubt hier eine komfortable Materialspeicherung und gibt die Möglichkeit, den Stoff flexibel zu organisieren und ggf. zu verändern und zu restrukturieren.

Arbeitsschritt 2: Auswahl

Die Wahl der Medien ist zu begründen. Dabei sind Besonderheiten oder Erfahrungen herauszustellen. So können z.B. zu einer Power-Point-Präsentation Notizen über den Ablauf des Vortrags und die Reaktionen der Zuhörer gespeichert werden.

Arbeitsschritt 3: Reflexion

Die Lernenden reflektieren die Qualität ihrer Arbeit und nennen Erfahrungen, die sie während des Lernprozesses gemacht haben.

Arbeitsschritt 4: Projektion

Je nach Zugangsrechten können die Lernenden ihre Arbeiten mit denen von Kommilitonen vergleichen oder an z.B. auf einer Veranstaltungswebsite dargestellten Leistungsindikatoren messen. Durch das Portfolio-Format können außer Dozent/inn/en und Tutor/inn/en auch andere Teilnehmende zu einzelnen Ergebnissen Rückmeldungen geben.

Ein anderes Beispiel einer Modifikation oder Weiterentwicklung des Portfolios ist das **Europäische Sprachenportfolio.** Das Europäische Sprachenportfolio für Erwachsene wurde in einer Arbeitsgruppe unter Leitung des Thüringer Volkshochschulverbandes entwickelt und ist im Juni 2006 durch den Europarat akkreditiert worden. Es handelt sich dabei um ein insbesondere für den Bereich des Fremdsprachenlernens angelegtes Portfolio, das als Lernbegleiter und Informationsinstrument dienen kann. Es soll Lernende einerseits für das Sprachenlernen motivieren und andererseits bei der Dokumentation ihrer sprachlichen Kompetenzen unterstützen. Mithilfe des Sprachenportfolios können Lernende ihre Kompetenzen in verschiedenen Sprachen, ihr Sprachenlernen und ihre Sprachkontakte dokumentieren und ihre interkulturellen Erfahrungen für sich selbst und für andere transparent machen und international vergleichen (→ Checkliste 13, S. 85).

Material für die Praxis

CHECKLISTE 9

Ablaufplan zum Einsatz eines Portfolios

1. Information (zu Kursbeginn)

o Erklären Sie den Teilnehmenden die Ziele des Portfolio-Einsatzes.
o Erklären Sie den Teilnehmenden das Instrument in Kürze.
o Erklären Sie das Beurteilungsverfahren.
o Fordern Sie die Teilnehmenden auf, relevante Dokumente während des Kurses zu sammeln.

2. Anleitung zur Erstellung

o Erläutern Sie den Aufbau des Portfolios.
o Benennen Sie Bestandteile des Portfolios.
o Klären Sie den erwarteten Umfang.
o Geben Sie Beurteilungskriterien bekannt.
o Geben Sie das Abgabedatum bekannt.

3. Erstellung (z.T. im Kurs)

o Helfen Sie den Teilnehmenden bei der Auswahl geeigneter Dokumente.
o Geben Sie bereits bei der Erstellung Kommentare zum (erwarteten) Lernfortschritt.

4. Kritikrunde (ein bis zwei Wochen vor Abgabe)

o Regen Sie bei den Teilnehmenden an, die erstellten Portfolios untereinander auszutauschen, um sich Anregungen zu holen und Kritik einzufordern.

5. Abgabe und Beurteilung

o Fordern Sie die Portfolios zum vereinbarten Termin ein und beurteilen Sie sie anhand der bekannt gegebenen Beurteilungskriterien.

6. Feedback

o Planen Sie individuelle Feedbackgespräche ein.

CHECKLISTE 10

Aufbau des Portfolios

1. Umschlag und Titelblatt

Die einzelnen Blätter sind in einer Mappe oder einem Schnellhefter fixiert. Die erste Seite ist ein gestaltetes Titelblatt mit Veranstaltungstitel, Veranstaltungstermin, Name des Verfassers und der Lehrperson.

2. Inhaltsverzeichnis

Die Seiten des Portfolios sind nummeriert. Das Inhaltsverzeichnis zählt die Abschnitte und einzelnen Lernbeispiele auf und gibt die Nummer der ersten Seite davon an.

1. Titelblatt
2. Inhaltsverzeichnis
3. Lerneinheit 1
4. Lerneinheit 2
usw.

3. Lernbeispiele mit Kommentaren

In den Lernbeispielkapiteln wird je ein Beispiel einer Lernsequenz aufgeführt. In einem Kommentar wird beschrieben, wie in diesen Beispielen gelernt wurde. Hierzu wird der Lernfortschritt erläutert: Wie wurde gelernt? Was wurde bei auftretenden Problemen getan bzw. wie wurden Probleme gelöst?

4. Beispielhafte Dokumente, die den Lernfortschritt belegen

Sie können den Teilnehmenden auch anbieten, sich untereinander Feedback zu ihren Portfolios zu geben. Hierzu kann folgender Kritikbogen eingesetzt werden:

CHECKLISTE 11

Kritikbogen

Feedback von _____

zum Portfolio von _____

Was hat dich positiv beeindruckt am Portfolio?

_____

_____

Beurteile folgende Aspekte!

	sehr gut	gut	in Ordnung	weniger gut
Gestaltung	☐	☐	☐	☐
Übersichtlichkeit	☐	☐	☐	☐
Auswahl der Dokumente	☐	☐	☐	☐
Verständlichkeit	☐	☐	☐	☐
Überlegungen zum Lernen	☐	☐	☐	☐
Problemanalyse	☐	☐	☐	☐
Lösungsideen	☐	☐	☐	☐

Welche Änderungsvorschläge hast du?

_____

_____

_____

_____

_____

Datum _____

CHECKLISTE 12

Beurteilung eines Portfolios

Die folgenden Fragen helfen Ihnen bei der Beurteilung:

☐ Sind die zu reflektierenden Lernerfolge dokumentiert?

☐ Sind die Freiräume bei der Auswahl der Lernerfolge sinnvoll genutzt?

☐ Ist der Lernprozess nachvollziehbar beschrieben?

☐ Wird ersichtlich, welche Kompetenzen hierdurch erworben wurden?

☐ Ist die Form ansprechend und überzeugend?

☐ Ist die sprachliche Ausgestaltung angemessen?

☐ Werden Probleme und Lösungsideen ausreichend beschrieben?

CHECKLISTE 13

Reflexionshilfe für den Einsatz eines Portfolios im Fremdsprachenbereich

Hören

Ich kann schon verstehen, wenn Menschen sich begrüßen oder verabschieden.

☐ sehr gut   ☐ gut   ☐ nicht ganz so gut   ☐ eher schlecht

Ich kann schon verstehen, wenn Menschen sich vorstellen.

☐ sehr gut   ☐ gut   ☐ nicht ganz so gut   ☐ eher schlecht

Ich kann schon verstehen, wenn man mir einfache Fragen über mich oder meine Familie stellt.

☐ sehr gut   ☐ gut   ☐ nicht ganz so gut   ☐ eher schlecht

Ich kann schon verstehen, was im Unterricht gesagt oder gefragt wird.

☐ sehr gut   ☐ gut   ☐ nicht ganz so gut   ☐ eher schlecht

Sprechen

Ich kann jemanden begrüßen und mich verabschieden.

☐ sehr gut   ☐ gut   ☐ nicht ganz so gut   ☐ eher schlecht

Ich kann mich, meine Familie und meine Freunde vorstellen.

☐ sehr gut   ☐ gut   ☐ nicht ganz so gut   ☐ eher schlecht

Ich kann sagen, wo ich herkomme und wo ich wohne.

☐ sehr gut   ☐ gut   ☐ nicht ganz so gut   ☐ eher schlecht

Wie ich die Zielsprache (z.B. Englisch, Französisch, Russisch) besser lernen kann:

Das möchte ich besser machen (z.B. Hausaufgaben, Vokabeln lernen...):

_____

_____

Davon möchte ich mehr machen (z.B. lesen, Radio hören...):

_____

_____

So möchte ich dies erreichen (z.B. mit Freunden austauschen, Zeit einplanen...):

_____

_____

Weiterführende Literatur und Links

Uemminghaus, M. (2007): Arten von Lernstandortbestimmung. In: Kaiser, A. u.a. (Hrsg.): Kursplanung, Lerndiagnose und Lernberatung. Bielefeld, S. 41–68

Gläser-Zikuda, M./Hascher, T. (Hrsg.) (2007): Lernprozesse dokumentieren, reflektieren und beurteilen. Lerntagebuch und Portfolio in Bildungsforschung und Bildungspraxis. Bad Heilbrunn

Häcker, T./Dumke, J./Schallies, M. (2002): Weiterentwicklung der Lernkultur: Portfolio als Entwicklungsinstrument für selbstbestimmtes Lernen. Informationsschrift zur Lehrerbildung, Lehrerfortbildung und pädagogischen Weiterbildung, H. 63, S. 8–18

Jones, J.E. (1994): Portfolio Assessment as a Strategy for Self-Direction in Learning. New Directions for Adult and Continuing Education, H. 64, S. 23–29

Hier finden Sie ein Sprachenportfolio: www.coe.int/t/dg4/portfolio

Hier finden Sie ein E-Portfolio: www.mahara.at

6.4 Beratungsgespräch zur Kompetenzerfassung

Einstieg

Von „Beratung" ist die Rede, wenn eine Person in einem bestimmten Lebensabschnitt Begleitung und Unterstützung bei der Bewältigung von Veränderungen erfährt. Dabei kann es sich um mehr oder minder bedeutungsvolle Veränderungen oder gravierende Einschnitte im Lebensalltag, in der Berufskarriere, in der Familie, aber auch bei Lernprozessen handeln. Wenn Beratung im Rahmen von Kompetenzerfassung eingesetzt wird, so geht es hierbei um eine besondere Form der Beratung. Denn es gilt nicht, die Probleme an sich zu lösen oder mittels Ratschlägen die Krise zu bewältigen. Vielmehr wird darauf abgezielt, spezifische Kompetenzen von Personen herauszustellen. Diese Kompetenzen werden in einer Vielzahl von Kontexten erworben: in der Familie, in der Freizeit und in der Freiwilligenarbeit oder aber bei Tätigkeiten, die am Arbeitsplatz oder im Rahmen von Bildungs- und Weiterbildungsmaßnahmen ausgeführt worden sind.

Ziel und Zweck

Ziel von Beratungsgesprächen ist, dass sich die betreffende Person ein Bild von den eigenen Ressourcen und Kompetenzen macht. Diese Gespräche sollen das (Selbst-)Bewusstsein dieser Person in Bezug auf das eigene Wissen und Können stärken. Der Ratsuchende lernt dabei, das vorhandene Wissen auf konkrete Situationen zu beziehen und damit die eigenen Handlungskompetenzen und -optionen zu erkennen.

An Beratungsgesprächen zur Kompetenzerfassung nehmen Personen unterschiedlicher Herkunft teil: Lernende, Arbeitnehmer, Teilnehmende der allgemeinen oder der beruflichen Weiterbildung sowie alle Personen, die generell im Bereich Bildung und Weiterbildung Rat suchen. Es sind sowohl Einzel- als auch Gruppengespräche möglich.

Neben der Reflexion von bereits vorhandenen Kompetenzen dienen Beratungsgespräche auch dazu, Lernerfahrungen und Lernhemmungen zu erfassen und zu dokumentieren. Weiterhin bieten Beratungsgespräche die

Möglichkeit, unter professioneller Anleitung persönliche Lernstrategien zu entwickeln, neue und ungewohnte Lernwege zu begehen und letztlich Lernergebnisse für die Leistungsanrechnung herauszustellen.

Kompetenzerfassung in Beratungsgesprächen geschieht in der Regel in einer angenehmen und vertraulichen Atmosphäre. Die Beratenden können durch die individuellen Gespräche aufmerksam und zielgerichtet auf den einzelnen Lernenden eingehen. Dadurch wird nicht nur der Lernerfolg des einzelnen Teilnehmenden gesichert, sondern auch die Kompetenzerfassung für die Lehrenden erleichtert.

Personen, die sich in einem Lernprozess befinden, müssen ihr Lernziel (z.B. ein konkretes Anforderungsprofil für künftige Tätigkeiten) genau kennen. Erst dann können sie einen Plan entwickeln, mit dem sie auf ihr Ziel hinarbeiten oder -lernen können. Lernenden, die eine Beratung aufsuchen, fällt es in der Regel schwer, sich auf ein Lernziel und einen Lernweg zu konzentrieren. Sie beenden daher oftmals die Weiterbildungsmaßnahme frühzeitig oder bestehen Prüfungen nicht. An solchen Punkten können Beratungsgespräche besonders unterstützen, indem sie dabei helfen, die Ziele herauszuarbeiten und entsprechende Strategien und Wege zu benennen.

Anwendungsbereiche

Beratungsgespräche begleiten und unterstützen alle Arten von Weiterbildungsveranstaltungen. Sie werden in der Regel zur Begleitung von Einstufungsverfahren eingesetzt, sollten aber auch mit dem laufenden Lehr-Lerngeschehen verknüpft werden. So können z.B. Zielvereinbarungen oder Zwischenevaluationen immer wieder zum Gesprächsanlass in der Beratung gemacht werden.

Beratungsgespräche zur Kompetenzerfassung unterstützten auch Karriereentwicklungen und Berufsentscheidungen.

Voraussetzungen

Eine Grundannahme jedes Beratungsgesprächs ist es, dass jeder Mensch seine Geschicke selbst in die Hand nehmen kann. Nehmen die Beratenden diese Prämisse mit in jedes Beratungsgespräch, so ist die wichtigste Voraussetzung bereits geschaffen. Dennoch wollen wir im Folgenden die Voraussetzungen, die aufseiten des Beratenden mitgebracht werden sollten, etwas genauer in den Blick nehmen und Ihnen damit helfen, Ihre eigenen Beratungskompetenzen aufzuspüren und ggf. auszubauen.

Für Beratungsgespräche sind eine ruhige Umgebung und eine angenehmen Atmosphäre wichtig. Die Sprache sollte offen und verständlich sein. Klare Absprachen dienen als Grundlage für das Beratungsgespräch. Das bedeutet beispielsweise, dass das Gespräch in verschiedene Phasen eingeteilt wird und sowohl Beratende als auch Ratsuchende die Planung der Phasen aktiv mitgestalten.

Für den Ratsuchenden ist ein Beratungsprozess eine sehr persönliche Angelegenheit; dies setzt gegenseitiges Vertrauen bei den Gesprächspartnern voraus. Eine solche Vertrauensbasis ist nicht per se gegeben, sondern entwickelt sich erst im Laufe einer Beratung. Sie ist durch drei Grundhaltungen des Beratenden maßgeblich mitbestimmt:

o   Kongruenz, d.h. Echtheit im Verhalten des Beratenden,

o   Akzeptanz, d.h. Achtung und Annahme des Ratsuchenden,

o   Empathie, d.h. emotionale Wärme und einfühlendes Verstehen.

Darüber hinaus benötigt der Beratende theoretische wie praktische Kenntnisse der Beratung sowie gewisse Kommunikationstechniken. Diese verschiedenen Kenntnisse listen wir im Folgenden für Sie auf.

Kenntnisse und Fähigkeiten in der pädagogischen Beratung:

o Kenntnis der Beratungstheorien,

o pädagogisches Fachwissen,

o Gesprächskompetenz,

o Kenntnis von Frage- und Interventionstechniken,

o Fähigkeit zu empathischem Verstehen,

o Fähigkeit zur Selbstexploration,

o Fähigkeit, Prozesssicherheit zu gewinnen,

o Fähigkeit, Strategien, Strukturen, Kulturen und Ressourcen zu beachten,

o Fähigkeit, Widerstände wahrzunehmen und auf sie einzugehen,

o Fähigkeit zur ressourcen- und lösungsorientierten Hypothesenbildung,

o Fähigkeit, gezieltes Feedback zu geben.

Kommunikationstechniken:

o Kenntnis grundlegender kommunikationstheoretischer Modelle,
o aktives Zuhören,
o Paraphrasieren,
o nicht festlegende Redeaufforderungen,
o Verbalisierung emotionaler Erlebnisinhalte,
o Berücksichtigung von Körperausdruck und Gefühlsinhalten,
o Benutzung von „ich" und „wir" statt „man".

Durchführung bzw. Vorgehen

Es werden alle bisherigen Tätigkeiten, alle Stationen der Erwerbsarbeit wie
der Nicht-Erwerbsarbeit, alle Bildungs- und Ausbildungsgänge, alle privaten Weiterbildungsgänge des Ratsuchenden zusammengetragen und dokumentiert. Im Gespräch werden dann wichtige (lern-)biographische Zäsuren
genauer betrachtet.

Ein Beratungsgespräch folgt einer klaren Struktur. Phasen eines Beratungsgesprächs sind:

1. Einstieg,
2. Problemdarstellung,
3. Zielvereinbarung,
4. Problembearbeitung,
5. Ergebnisfindung,
6. Absprachen treffen,
7. Reflexion,
8. Abschluss und Ausblick,
9. Dokumentation des Beratungsgesprächs.

Um Kompetenzen von Lernenden in einem Beratungsgespräch zu erfassen,
müssen wir genauer auf den Ablauf eines solchen Gesprächs schauen. In
einem Zielvereinbarungsgespräch werden gemeinsam mit den Lernenden
bzw. Ratsuchenden klar formulierte Ziele herausgestellt. Dann werden
Etappenziele und einzelne Lernschritte definiert und schließlich gemeinsam
Wege erarbeitet, die (auch) die Lernwünsche und Motive des Lernenden be-

rücksichtigen. Als unterstützendes Hilfsmittel wird eine „Kompetenzliste" erstellt, die gemeinsam von Beratendem und Beratenem formuliert wird. Hier werden bereits vorhandene Kompetenzen, dann die Lernziele und schließlich die dafür benötigten „neuen" Kompetenzen aufgelistet. Anhand von Situationsanalysen werden diese Kompetenzen genau definiert und in eine Rangfolge gebracht. Der nächste Schritt gewichtet die Kompetenzen nach verschiedenen, für die Lernenden individuellen Gesichtspunkten, wie beispielsweise: „Kompetenz A ist wichtig für meinen Beruf" oder „Kompetenz D brauche ich für die nächste Prüfung". Wie der Ablauf eines solchen Gesprächs genauer aussehen kann, ist in der Checkliste 14 → S. 95 abgebildet.

In diesem Ablaufplan wird eine Hilfestellung zur Ermittlung vorhandener Kompetenzen und zur Erschließung neuer, noch nicht bewusster oder nicht verwendeter Kompetenzen beschrieben. Wie aber gestalten wir innerhalb eines Beratungsgesprächs zur Kompetenzerfassung eine Situations- oder auch Ist-Analyse?

BEISPIEL

Beispiel für eine Situations- oder Ist-Analyse

Beispielsituation:

Schildern Sie eine herausfordernde Aufgabenstellung!

Vorgehen:

Wie sind Sie bei der Aufgabenbewältigung vorgegangen?

Fähigkeiten:

Welche Fähigkeiten haben Sie eingesetzt, um die Aufgabe zu bewältigen?

Hindernisse:

Welche Schwierigkeiten sind bei der Bewältigung der Aufgaben aufgetreten?

Erstellen einer Kompetenzliste:

Was kann ich besonders gut, was kann ich weniger gut?

Jedes Beratungsgespräch ist in seiner Grundstruktur zyklisch aufgebaut. Wenn ein Etappenziel erreicht und reflektiert wurde, wird das nächste Ziel formuliert, es werden Lösungswege aufgezeigt und mit dem Ratsuchenden erarbeitet. Der Prozess beginnt, diesmal mit einem neuen Problem, neuen (Lern-)Zielen oder -wegen.

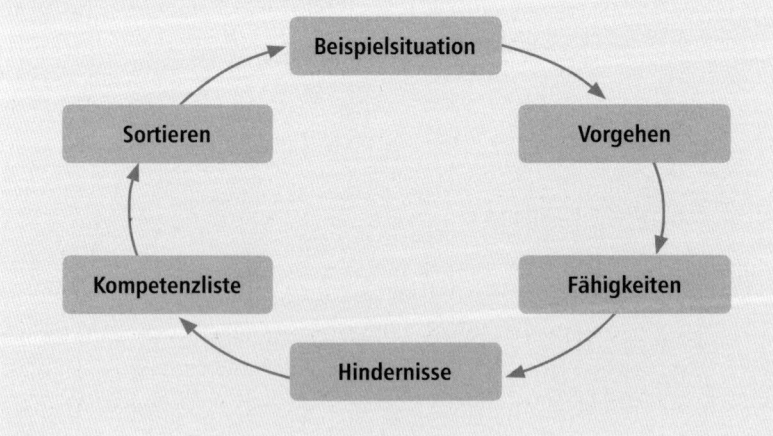

Vorteile	Nachteile
Im Beratungsgespräch findet eine sehr ausführliche Beschäftigung mit den Kompetenzen des Lernenden statt.	Die Bearbeitung ist sehr zeitintensiv.
Es ist sehr persönlich und individuell.	Unter Umständen wird befürchtet, dass es eine psychologische Beratung sein könnte.
Es reflektiert die Biographie des Ratsuchenden.	Die Reflexionsfähigkeit des Ratgebers muss ausgeprägt sein.
Es fördert die Selbsteinschätzung und -evaluation der eigenen Kompetenz.	Selbstevaluation kann für Ratsuchende ungewohnt sein.
Es motiviert zur Kompetenzerfassung außerhalb von formalen Prüfungen und Tests.	Zur formalen Ausweisung der Kompetenzen ist ein zusätzliches Instrument (bspw. der ProfilPass) notwendig.
Es hilft, unterschiedliche Lernwege zu gehen.	Ergebnisse müssen in den Lernprozess getragen werden, das ist zeitaufwendig und evtl. für die Ratsuchenden zu persönlich.
Es gibt Impulse für Veränderungen.	Veränderungen können Ängste auslösen.
Es hilft, Lernhemmungen und -ängste zu überwinden.	Das Beratungsgespräch kann keine Verhaltensänderung erzwingen.
Es fördert Selbstständigkeit im Lernprozess.	Ein geschulter Berater ist Pflicht.

Tabelle 5: Vor- und Nachteile des Beratungsgesprächs (eigene Darstellung)

Modifikationsmöglichkeiten und Tipps

Da Beratungsgespräche sehr aufwendig sind und oftmals die Zeit für ein langes Gespräch mit jedem Teilnehmenden fehlt, können kleinere Gespräche im Seminar geführt werden, während die restliche Gruppe mit vorbereitenden Aufgaben zum Beratungsgespräch beschäftigt ist.

Beratung eignet sich ebenfalls gut für Gruppengespräche. Hierzu werden ca. fünf bis acht Personen zur selben Zeit und im selben Raum beraten. Daraus ergeben sich einige Adaptionen des bisher Gesagten. Für diese Gespräche ist es wichtig, durch strukturelle und inhaltliche Vorgaben eine Gruppenkultur zu etablieren. Zielformulierungen und Problemlösungsstrategien für den einzelnen Teilnehmenden werden dabei nicht mehr allein durch den Berater, sondern durch die Mitlernenden initiiert und unterstützt. Es ist durchaus von Vorteil, dass mehrere Personen auf einen Prozess oder ein Problem schauen. Denn somit werden unter Umständen alternative Lösungswege gefunden. Ein weiterer Vorteil der Gruppenberatung ist die Vielfalt und Lebendigkeit in der Kommunikation. Schwierig wird es allerdings, sämtliche Probleme, Ressourcen, Lösungswege und Kompetenzen *aller* Teilnehmenden herauszuarbeiten. Hilfreich können hierbei verschriftlichte „Verträge" sein, die in der Gruppe entwickelt und in denen möglichst alle Wünsche und Vorbehalte aufgeschrieben werden.

Abschließend stellen wir das **Schweizerische Qualifikationsprogramm zur Berufslaufbahn** (CH-Q) vor. Die Arbeit mit dem CH-Q bedarf der kontinuierlichen Begleitung durch Beratungsgespräche und findet daher auch vorrangig im Kontext von solchen Gesprächen statt. Das CH-Q erfasst und dokumentiert Fähigkeiten, Qualifikationen und Kompetenzen von Lernenden wie Weiterbildungsteilnehmenden, Auszubildenden, Berufstätigen oder Arbeitssuchenden. Kompetenzen, die informell oder non-formal erworben wurden, können durch eine staatliche Anerkennung vergleichbar gemacht werden. Das CH-Q unterstützt Menschen, sich ihrer Fähigkeiten bewusst zu werden und ihre Kompetenzen ressourcenorientiert zu managen. Es fördert den Transfer individuell erworbener Kompetenzen, z.B. aus dem Privatleben ins Berufsleben. Der Ablauf gliedert sich in mehrere Phasen:
1. die Erstellung einer Lebensbiographie,
2. die Bilanzierung der eigenen Kompetenzen,
3. die Erfassung und Dokumentation der eigenen Kompetenzen,
4. die Erstellung eines Aktionsplans.

Das Schweizerische Qualifikationsprogramm besteht aus zwei Teilen: einer Arbeitsanleitung in Buchform sowie einem Ordner zur übersichtlichen und systematischen Einordnung und Ablage von Nachweisen, Notizen und sonstigen Unterlagen.

Material für die Praxis

CHECKLISTE 14

Ablauf eines Beratungsgesprächs zur Kompetenzerfassung

Einstieg

o „Türöffner" verwenden, um dem Lernenden den Einstieg in das Beratungsgespräch zu erleichtern

Erklärung der eigenen Person, Rolle und Funktion

o Wer bin ich? Schweigepflicht, Freiwilligkeit von Beratung

Gemeinsame Zielanalyse

Erarbeitung und Festlegung von Lernzielen:

o Wo stehe ich?
o Wo möchte ich hin?
o Was sind meine Teilziele und was mein Endziel?

Gemeinsame Problemanalyse

Sichtweise des Lernenden, Sichtweise weiterer Beteiligter, auslösende Situationen, verschiedene Verhaltensebenen:

o Gedanken, Gefühle, Handeln versus Nichthandeln, nachfolgende Konsequenzen, unter welchen Bedingungen tritt das Problem nicht auf?

Erarbeitung und Festlegung von Methoden zur Problemlösung und Zielerreichung

o Wie kann das Lernziel erreicht werden?
o Was kann der Lernende selber unternehmen, um das Ziel zu erreichen?
o Wann war der Lernende schon erfolgreich?
o An welcher Stelle benötigt er Hilfe?
o Was können wir gemeinsam tun, um das Ziel zu erreichen?

Handlungsalternativen ausarbeiten

o Was will der Lernende bis zum nächsten Mal konkret tun, um dem Lernziel näherzukommen oder das Lernproblem zu lösen?

Vereinbarung über die weitere Gesprächsstruktur

o Häufigkeit, eventuell Einbeziehung anderer Personen, Verbindlichkeit

Vereinbarung über die Bearbeitung der besprochenen Lösungswege

o Was muss der Lernende zu Hause für die weitere Bearbeitung tun? Bearbeitungsschritte erstellen oder vorschlagen, eine Lernzielvereinbarung treffen

Verabschiedung

o Klärung eventuell verbliebener Unklarheiten, Ermutigung für den nächsten Schritt

 Weiterführende Literatur

Arnold, R./Gieseke, W./Zeuner, C. (Hrsg.) (2009): Bildungsberatung im Dialog, Bd. I. Theorie – Empirie – Reflexion. Baltmannsweiler

Knoll, J. (2008): Lern- und Bildungsberatung. Professionell beraten in der Weiterbildung. Bielefeld

Nestmann, F./Engel, F./Sieckendiek, U. (Hrsg.) (2004): Das Handbuch der Beratung, Bde. 1/2: Disziplinen und Zugänge. Tübingen

6.5 Test

Einstieg

Ein Test wird zumeist in schriftlicher Form durchgeführt und dient als Einstufungs- oder Evaluations- bzw. Prüfungsinstrument. Er gehört zu den bekanntesten, vielfältigsten und daher auch am häufigsten eingesetzten Instrumenten der Kompetenzerfassung.

Die in der Weiterbildungspraxis eingesetzten Tests variieren u.a. in Hinblick auf:

o   Beurteilungsformen,
o   Aufgabentypen und
o   Skalenarten.

Tests können entweder als Selbst- oder als Fremdeinschätzungsinstrumente genutzt werden oder aber eine Mischform beider **Beurteilungsformen** zulassen. Die **Aufgabentypen** können in einem breiten Spektrum von „offenen Definitionsaufgaben" bis zu „Multiple-Choice-Aufgaben" variieren (→ S. 99f.). Die verschiedenen **Skalenarten** werden auf die Einschätzungsfragen angewandt, dabei wird u.a. zwischen numerischen, verbalen und symbolischen Skalen unterschieden (→ S. 106).

Ziel und Zweck

Mit Tests können neben dem faktenbezogenen Wissen auch Einstellungen und Meinungen des Lernenden erfasst werden. Dabei wird nicht vordergründig das kompetente Handeln, also die Performanz, geprüft. Vielmehr kommen einzelne Aspekte der Kompetenz, die hier als Potenzial verstanden wird, in den Blick. Ob beispielsweise das geprüfte Faktenwissen in einer konkreten Situation tatsächlich angewandt wird, kann nicht vorausgesagt werden; allerdings wird damit ein Teil der notwendigen Voraussetzungen erfasst.

Anwendungsbereiche

Die Erfassung von Kompetenzen durch einen Test kann in unterschiedlichen Anwendungsbereichen erfolgen. Insbesondere im Fremdsprachenbereich werden Tests zur Einstufung des aktuellen Kompetenzniveaus einer Person eingesetzt, um aus der Vielzahl der angebotenen Kurse denjenigen auszuwählen, der den Kompetenzen des Teilnehmenden entspricht (→ Beispiel, S. 107). Als Evaluations- oder Prüfungsinstrumente werden Tests meist in Weiterbildungsangeboten mit einem stark beruflichen Akzent angewandt, in denen die Teilnehmenden Wert darauf legen, dass das Gelernte auch geprüft und mit einem Zertifikat ausgewiesen wird. Aber auch in weniger auf berufliche Zwecke ausgerichteten Weiterbildungsveranstaltungen kann ein abschließender Test hilfreich sein, da er vorhandene Stärken und Schwächen der Teilnehmenden offenbart und somit die Voraussetzung für eine Weiterentwicklung bildet.

Aufgrund der Möglichkeit, Kompetenzen mehrerer Personen gleichzeitig zu erfassen, ist der Einsatz von Tests auch bei Kursen mit einer hohen Teilnehmerzahl möglich. Durch die hohe Bearbeitungszeit, die sie in Anspruch nehmen, sind sie aber eher für länger während Kurse und Seminare geeignet.

Voraussetzungen

Aufseiten der Lernenden ist in erster Linie die Bereitschaft zum Ausfüllen eines Tests gefragt. Diese kann jedoch je nach früheren Erfahrungen oder nach der Art des Seminars unterschiedlich ausfallen. Schriftliche Befragungen mit vielen offenen Fragen sind hierbei eher problematisch, da sie längere Zeit zur Bearbeitung beanspruchen und eine relativ hohe schriftsprachliche Kompetenz voraussetzen.

Aufseiten der Lehrenden setzt die Konzipierung eines qualitativ hochwertigen Tests umfassende Kenntnisse der Testkonstruktion (Skalenvarianten, Aufgabenformen u. a.) sowie die Fähigkeit zur Umsetzung der Kriterien, welche die Güte eines Tests bestimmen, voraus.

Tests, die als Selbsteinschätzungsinstrumente verwendet werden, sind nur für Personen geeignet, die über eine Fähigkeit zur Selbstreflexion und -kritik verfügen. Ansonsten ist eine begleitende Beratung empfehlenswert.

Durchführung und Vorgehen

Die Fragen eines Tests sollten am jeweiligen Veranstaltungs- bzw. Lernziel orientiert sein. Folglich ist die Bestimmung und Definition der Lernziele der erste Schritt, der der Konstruktion einer schriftlichen Befragung vorausgeht. Um eine umfassende Kompetenzerhebung zu erreichen, sollten möglichst alle – oder zumindest relevante und typische – Aspekte und Teilbereiche des jeweiligen Themas mit Fragen und Beispielen abgedeckt werden.

Folgende Grundprinzipien sind bei der Erstellung eines jeden Tests zu beachten:
o Einfachheit,
o Verständlichkeit,
o Eindeutigkeit,
o Vollständigkeit.

Wenn die eigentlichen inhaltlichen Fragen formuliert werden, ist darauf zu achten, dass sich grundsätzlich folgende allgemeinere **Aufgabentypen** unterscheiden lassen. Die infrage kommenden Aufgabenarten lassen sich dabei auf folgende Weise systematisieren (vgl. Döring 2008):

Einsetzaufgaben
o mit mehr als einem Begriff
o ohne Restbegriffe
o mit Restbegriffen
o in eine Zeichnung
o in eine Zeichnung mit vorgesehenen Begriffen

Ergänzungsaufgabe
o verbal
o Zeichnung

Definitionsaufgabe

o mit offener Antwort

Zuordnungsaufgabe

o mit je einer Zuordnung
o mit mehreren Zuordnungen
o Zuordnungsaufgabe und Auswahlaufgabe

Reihenfolgeaufgaben

o ohne Restbegriffe
o mit Restbegriffen
o Reihenfolge mit vorgegebenen Satzteilen

Auswahlaufgaben

o mit einfacher Entscheidung
o mit Ja-Nein-Entscheidung
o mit Mehrfachentscheidung
o Multiple-Choice-Aufgabe
o mit Mehrfachnennung ohne Restbegriff

Aus den oben genannten Aufgabenformen haben wir drei ausgewählt und werden deren Vor- und Nachteile sowie die infrage kommenden Modifikationsmöglichkeiten in der folgenden Tabelle gegenüberstellen.

Aufgabenform	Vorteile	Nachteile	Modifikationen
Frage mit vorgegebenen Antwortalternativen: Zweifach-Antworten (richtig/falsch)	zeitsparend, leicht verständlich, kein hohes Sprachniveau erforderlich	50-prozentige Wahrscheinlichkeit des Ratens	eine Frage mit jeweils mehreren Richtig-Falsch-Antworten
Frage mit vogegebenen Antwortalternativen: Mehrfach-Antworten/ Multiple-Choice-Aufgabe	zeitsparend, leicht verständlich, kein hohes Sprachniveau erforderlich, komplexere Inhalte abfragbar, weniger Rateverhalten möglich	Ratemöglichkeit, z.B. die Kugelschreiber-Fallmethode	Mehrfachantworten: mehre richtige Antworten

Aufgabenform	Vorteile	Nachteile	Modifikationen
Frage ohne vorgegebene Antwortalternativen (als offene Frage, Lückentext oder längerer Aufsatz)	Die Antworten können nicht erraten werden, detailliertes Wissen kann abgerufen werden	zeitaufwendigere Auswertung, bei Papier-Bleistift-Tests entsteht das Problem der Lesbarkeit der selbstgeschriebenen Zeilen, weniger Inhalte erfassbar	Kombination zwischen offenen und vorgegebenen Antworten

Tabelle 6: Aufgabenformen (eigene Darstellung)

Über die hier skizzierten Aufgabenarten hinaus können im Rahmen von Tests nicht nur solche Fragen formuliert werden, deren Beantwortung als richtig oder falsch klassifiziert werden kann, sondern auch Einschätzungsfragen, bei denen die Antwort auf einer Skala verortet wird. Die Lehrenden können bei der Konstruktion von **Rating-Skalen** unter anderem auf folgende Varianten zurückgreifen:

o   numerische Skala,
o   bipolar-numerische Skala,
o   bipolar-graphische Skala,
o   verbale Skala,
o   symbolische Skala.

In der folgenden Tabelle werden die Skalenvarianten kurz charakterisiert, wobei wieder auf die Vor- und Nachteile eingegangen wird. Beispiele hierfür finden Sie am Ende des Kapitels.

Skalen-varianten	Beschreibung	Vorteile	Nachteile
numerisch	Die Befragten können auf einer numerischen Skala ankreuzen, in welchem Maß sie einer Aussage zustimmen (z.B. auf einer Schulnotenskala).	knapp und einfach, schnelle Konstruktion von Fragen	sehr abstrakt
bipolar-numerisch	Die Extreme sind durch zwei gegensätzliche Begriffe markiert, zwischen denen man sich positionieren muss. Als Skalenwerte sind Zahlen von 1 bis 5 vorgegeben.	im Vergleich zu einer rein numerischen Skala eindeutiger und weniger abstrakt	Durch die Wahl der Begriffe ist eine bestimmte Richtung vorgegeben.
bipolar-graphisch	Die Extreme sind durch zwei gegensätzliche Begriffe markiert, zwischen denen man sich auf einer Linie positionieren muss.	keine vorgegebene Abstufung, sehr viele Positionierungsmöglich-keiten (nicht nur von 1 bis 5)	Zur Auswertung ist ein Ausmessen der Länge der Skalenlinie erforderlich.
verbal	Jede Kategorie ist sprach-lich angegeben.	sehr präzise und eindeutig	Bei der Konstruktion ist darauf zu achten, dass alle relevanten Mög-lichkeiten durch Begriffe abgedeckt werden. Die Kategorien müssen erst genau gelesen werden.
symbolisch	Die Kategorien werden graphisch dargestellt (z.B. als Gesichter-, Stapel-, Leiter- oder Thermometerskalen).	sehr anschaulich, die Kategorien können auf einen Blick erfasst werden	nicht für jede Zielgruppe geeignet

Tabelle 7: Skalenvarianten (eigene Darstellung)

Die Konstruktion, Durchführung, Auswertung und Interpretation einer hochstandardisierten quantitativen schriftlichen Befragung orientiert sich idealerweise an den im Folgenden beschriebenen Gütekriterien:

o Objektivität,
o Zuverlässigkeit und
o Gültigkeit.

Diese Kriterien entstammen der Testtheorie und geben Auskunft über die Qualität eines Tests.

Die **Objektivität** eines Verfahrens beschreibt den Grad der Unabhängigkeit der Ergebnisse eines Tests vom Prüfenden. Die Durchführung, Auswertung und Interpretation des Tests sollte nicht durch die durchführende Person beeinflusst und damit verfälscht werden. So sollte z.B. bei der Durchführung des Tests darauf geachtet werden, dass alle Teilnehmenden dieselbe Zeit zur Verfügung haben und die gleichen Bearbeitungsanweisungen bekommen. Bei der Auswertung ist darauf zu achten, dass klar festgelegt ist, auf welche Weise die Punkte vergeben werden. Um darüber hinaus die Objektivität der Interpretation zu gewährleisten, ist es wichtig, dass seitens des Prüfenden keine subjektiven Deutungen in die Interpretation einfließen und er sich an vorgegebenen Vergleichswerten oder Normen orientiert.

Die **Zuverlässigkeit** eines Tests, die auch als „Reliabilität" bezeichnet wird, zeigt den Grad der Genauigkeit, mit dem das geprüfte Merkmal tatsächlich gemessen wird, an. Als ideal gilt, wenn bei einer Wiederholung des Tests das gleiche Ergebnis erreicht wird. Dies ist in der Praxis kaum realisierbar, da sich Einflüsse (wie situative Störungen, Müdigkeit oder Raten) nie ganz ausschließen lassen. Außerdem ist eine hundertprozentige Zuverlässigkeit kaum erreichbar, da sich Kompetenzen im Laufe der Zeit verändern.

Als wichtigstes Gütekriterium wird die **Gültigkeit**, auch „Validität", angesehen. Hierbei geht es darum, sicherzustellen, dass der Test tatsächlich das misst, was er messen soll bzw. was er zu messen vorgibt. So kann es z.B. sein, dass ein Mathematik-Test mit vielen verbalen Textaufgaben eher die Lese- als die Rechenkompetenz misst. Das Testergebnis darf also nicht von Fähigkeiten abhängig sein, die nicht geprüft werden sollen. Zur Erhöhung von Gültigkeit wird häufig die Kombination verschiedener Methoden empfohlen. Damit können die unterschiedlichen Aspekte eines Merkmals besser berücksichtigt werden (vgl. Bortz/Döring 2002; Kaufhold 2006).

Neben den oben genannten Gütekriterien sollen bei schriftlichen Befragungen zusätzlich noch weitere Kriterien beachtet werden:

o   Fairness,
o   Akzeptanz,
o   Ökonomie,
o   Nutzen.

Das Kriterium der **Fairness** ist gegeben, wenn alle Personen (unabhängig von Ethnie, Geschlecht u.a.) die gleichen Chancen zur Erfüllung der Anforderung(en) haben, wenn das Verfahren hinreichend transparent ist und wenn eine Rückmeldung der Ergebnisse erfolgt.

Kompetenzen werden, wie bereits mehrfach gesagt, aus verschiedenen Gründen erfasst. Daher ist die **Akzeptanz** der ausgewählten Methode besonders wichtig. Ist sie nicht gegeben, kann es sein, dass die Ergebnisse von den Teilnehmenden infrage gestellt oder ignoriert werden.

Nach der Prämisse **ökonomischen** Wirtschaftens darf der Aufwand für Konstruktion und Anwendung eines Verfahrens nicht den daraus entstehenden Nutzen übersteigen. Als ökonomisch gelten unter anderem eine kurze Durchführungszeit, geringer Materialverbrauch, einfache Handhabbarkeit, die Möglichkeit, das Verfahren als Gruppenverfahren einzusetzen sowie die schnelle und unkomplizierte Auswertung (vgl. Lienert/Raatz 1998).

Eine Methode hat dann einen hohen **Nutzen**, wenn das zu erfassende Merkmal von einer oder mehreren Personengruppen (z.B. Teilnehmende, Lehrende, Arbeitgeber) als bedeutsam erachtet wird. Für die Kompetenzerfassung ist es daher wichtig, dass die jeweiligen Personen über Ziel und Zweck des Tests aufgeklärt werden.

Vorteile	Nachteile
Es besteht die Möglichkeit, die Kompetenzen mehrerer Personen gleichzeitig und umfassend zu messen.	Die Konstruktion ist zeitintensiv und anspruchsvoll.
Mehrfache Nutzung ist möglich.	Ein Test kann als Kontrollinstrument Prüfungsstress auslösen.
Das Instrument gilt als objektiv und zuverlässig.	Die Fragebogeneffekte (z.B. die Tendenz zum Ankreuzen des mittleren Werts) sind störend.
Die Auswertung ist schnell und einfach.	Die Auswertung ist rein numerisch. Die reine Punktzahl bzw. Note verrät der Person noch nicht, was sie tatsächlich kann und was nicht.
Durch die hohe Standardisierung kann ein breiter Wissensbereich geprüft werden.	Es gibt keine Möglichkeit zur Interaktion. Meist sind keine Nachfragen erlaubt.
Es können mehrere Aufgabenformen kombiniert werden.	Bei geschlossenen Fragen gibt es nur wenig Antwortspielraum. Die Auswertung von offenen Fragen ist sehr aufwendig.

Tabelle 8: Vor- und Nachteile von Tests (eigene Darstellung)

Modifikationsmöglichkeiten und Praxistipps

Bei der Anwendung von schriftlichen Befragungen, die meist eine längere Bearbeitungszeit mit sich bringen, ist die Transparenz der Ziele der Methode sehr wichtig. Dadurch wird einerseits die grundsätzliche Akzeptanz des Instruments gesteigert. Andererseits kann damit die Bereitschaft, den Test auszufüllen, erhöht werden. Zudem sind schriftliche oder mündliche Vorabinformation unabdingbar, die den Umgang mit dem jeweils verwendeten Instrument erläutern (beispielsweise in Bezug darauf, ob jeweils nur eine oder mehrere Antworten richtig sein können).

Es ist, wie bereits oben gesagt, empfehlenswert, verschiedene Aufgabenformen (wie Multiple-Choice-Fragen oder offene Fragen) in einer Befragung miteinander zu kombinieren. So können die jeweiligen Vorteile genutzt bzw. die Nachteile ausgeglichen werden.

Neben dem altbekannten Test mit Papier und Bleistift gibt es heutzutage natürlich auch die Möglichkeit, einen Test im Internet zu erstellen und durchführen zu lassen. Dieser kann dann in der Regel auch automatisiert ausgewertet werden. Neben der Online-Variante ist auch das Ausfüllen eines Tests als Word-Datei am Computer denkbar. Hierbei verringert sich zumindest das Problem der Lesbarkeit von anderenfalls handgeschriebenen Antworten.

Um die Bearbeitungs- und Auswertungszeiten möglichst gering zu halten, sollten geschlossene Fragen verwendet werden; auch wenn in offenen Fragen natürlich mehr Informationen zutage treten würden.

Bei der Auswertung eines Tests, der Einstellungen misst, sollte insbesondere darauf geachtet werden, dass keine Suggestivfragen gestellt worden sind. In diesem Kontext wären dann Kontrollfragen einzubauen.

Material für die Praxis

BEISPIEL

Varianten von Rating-Skalen

Aspekt 1: Auftreten beim Vortrag

| selbstsicher | −2 | −1 | 0 | +1 | +2 | (numerische Skala) |

| selbstsicher | 1 | 2 | 3 | 4 | 5 | (bipolar-numerische Skala) |

selbstsicher I--x---I   unsicher   (bipolar-graphische Skala)

Aspekt 2: Ich bin immer sehr unsicher, wenn ich vor einer Gruppe einen Vortrag halte.

☐ stimmt gar nicht
☐ stimmt wenig
☐ stimmt teils-teils   (verbale Skala)
☐ stimmt ziemlich
☐ stimmt völlig

Aspekt 3: Wie zufrieden sind Sie mit Ihrem Vortragsstil?

(symbolische Skala)

☺ ☺ ☐ ☹ ☹

BEISPIEL

Raster zur Selbsteinschätzung von Fremdsprachenkompetenzen
(orientiert am „Gemeinsamen Europäischen Referenzrahmen für Sprachen")

Stufe A1

☐ Ich kann verstehen, wenn jemand langsam, deutlich und einfach spricht.

☐ Ich kann kurze Fragen und Erklärungen verstehen.

☐ Ich kann mich und andere kurz vorstellen und anderen Leuten Fragen stellen (z.B. wo sie wohnen, wie alt sie sind) und auf solche Fragen auch Antwort geben.

☐ Ich kann einzelne Wörter und einfache Sätze lesen (z.B. auf Schildern und Plakaten).

☐ Ich kann einfache Standardformulare ausfüllen (z.B. im Hotel).

Stufe A2

☐ Ich kann einfache Gespräche verstehen, wenn langsam gesprochen wird.

☐ Ich kann Informationen im Fernsehen verstehen, wenn ich die Bilder dazu sehe.

☐ Ich kann einfache und schriftliche Notizen über alltägliche Dinge verstehen (z.B. Speisekarten, Anzeigen).

☐ Ich kann etwas zum Essen und Trinken bestellen.

☐ Ich kann einen kurzen Brief schreiben.

Stufe B1

☐ Ich kann einer einfachen Diskussion folgen, wenn relativ langsam gesprochen wird.

☐ Ich kann die wichtigsten Informationen aus Nachrichten im Radio und Fernsehen verstehen, wenn relativ langsam gesprochen wird.

☐ Ich kann die Bedeutung einzelner unbekannter Wörter aus dem Zusammenhang erraten.

☐ Ich kann eine kurze Geschichte erzählen.

☐ Ich kann einfache Texte schreiben und persönliche Meinungen ausdrücken (z.B. in einem persönlichen Brief).

Stufe B2

☐ Ich kann längere Redebeiträge verstehen, wenn mir das Thema vertraut ist.

☐ Ich kann den meisten Fernsehsendungen und Spielfilmen folgen.

☐ Ich kann relativ mühelos ein normales Gespräch führen und meine Ansichten vertreten.

☐ Ich kann lange, komplexe Texte über aktuelle Fragen der Gegenwart verstehen (Fachartikel, literarische Texte).

☐ Ich kann lange, detaillierte Texte schreiben.

Stufe C1

☐ Ich kann längere Redebeiträge verstehen, auch wenn diese nicht klar strukturiert sind.

☐ Ich kann ohne große Mühe Fernsehsendungen und Spielfilmen folgen.

☐ Ich kann lange, komplexe Texte verstehen (fachfremde Fachartikel, literarische Texte).

☐ Ich kann mich relativ spontan und fließend an Diskussionen beteiligen und meine Gedanken präzise ausdrücken.

☐ Ich kann klar und strukturiert und in verschiedenen Stilrichtungen schreiben, auch über komplexe Sachverhalte.

Stufe C2

☐ Ich kann ohne Schwierigkeiten die gesprochene Sprache verstehen.

☐ Ich kann mich mühelos an allen Gesprächen über alle Themen beteiligen.

☐ Ich kann jede Art von Texten mühelos lesen, auch wenn sie abstrakt und inhaltlich sehr komplex sind.

☐ Ich kann Wortspiele erkennen und ironische oder satirische Texte richtig verstehen.

☐ Ich kann mich in Briefen und Berichten bewusst ironisch, mehrdeutig oder humorvoll ausdrücken.

📖 Weiterführende Literatur

Bortz, J./Döring, N. (2002): Forschungsmethoden und Evaluation für Human- und Sozialwissenschaftler. Heidelberg

Fehlau, S. (2007): Gestaltung und Durchführung eines Tests. In: Kaiser, A. u.a. (Hrsg.): Kursplanung, Lerndiagnose und Lernberatung. Bielefeld, S. 89–97

Kaufhold, M. (2006): Kompetenz und Kompetenzerfassung. Analyse und Beurteilung von Verfahren der Kompetenzerfassung. Wiesbaden

Uemminghaus, M. (2007): Arten von Lernstandortbestimmung. In: Kaiser, A. u.a. (Hrsg.): Kursplanung, Lerndiagnose und Lernberatung. Bielefeld, S. 41–67

Weiß, R. (1999): Erfassung und Bewertung informell erworbener Kompetenzen – Empirische und konzeptionelle Probleme. In: Arbeitsgemeinschaft Qualifikations-Entwicklungs-Management (Hrsg.): Kompetenzentwicklung '99. Aspekte einer neuer Lernkultur. Argumente, Erfahrungen, Konsequenzen. Münster u.a., S. 433–493

6.6 Mischverfahren – Kompetenzpässe und Assessment-Center

Einstieg

Alle bisher aufgeführten Erfassungsinstrumente lassen sich miteinander kombinieren. Sie können auch in Teilen oder als ergänzende Teile zu anderen Methoden eingesetzt werden. Werden mehrere Methoden und Instrumente gleichzeitig eingesetzt, spricht man von einem „Mischverfahren". Kompetenzpässe und Assessment-Center gelten als die am stärksten strukturierten Instrumente unter den Mischverfahren. Die nachfolgende Darstellung bietet keine detaillierte Beschreibung dieser Instrumente, sondern vielmehr einen Einblick in die Vielzahl von Varianten, die zu unterschiedlichen Zwecken eingesetzt werden.

Ziel und Zweck

Kompetenzpässe sowie Assessment-Center-Verfahren sind nichts anderes als Mischverfahren, die unterschiedliche Methoden der Kompetenzerfassung miteinander kombinieren. Mit ihnen soll die Objektivität und Aussagekraft der im Einsatz befindlichen Kompetenzerfassungsverfahren erhöht werden. Dabei geht es in erster Linie um die Ausdifferenzierung von spezifischen Fähigkeiten, Stärken und Potenzialen (z.B. in der beruflichen Bildung von Jugendlichen). Vor diesem Hintergrund haben Mischverfahren wie „Kompetenzchecks", „Berufseignungstests", „Assessment-Center", „Kompetenzbilanzierungsverfahren" (z.B. der Quali(fikations)-Pass, der ProfilPASS, der Berufswahlpass) seit einigen Jahren Konjunktur. Diese Verfahren zielen allesamt auf eine Optimierung der beruflichen Eingliederungschancen ab, indem die Kompetenzen der Teilnehmenden für diese selbst und für Außenstehende erfasst, versteckte Fähigkeiten und Potenziale sichtbar gemacht und aussagekräftig dokumentiert werden.

Bei der Kompetenzerfassung über Mischverfahren geht es, wie in allen anderen Fällen auch, sowohl um die Ermittlung personaler, sozialer und methodischer Kompetenzen (sogenannter Schlüsselkompetenzen) als auch um die Beobachtung und Reflexion berufsbezogener Kenntnisse, Fertigkeiten und Einstellungen.

Die aus den Mischverfahren hervorgehenden Ergebnisse sind meist von hoher Aussagekraft. Daher werden sie häufig eingesetzt, wenn es darum geht, vorab klar definierte Fähigkeiten von Bewerbern insbesondere für Arbeitgeber deutlich zu machen. So sind Assessment-Center häufig im Kontext von Personalauswahlverfahren anzutreffen.

Anwendungsbereiche

Assessment-Center finden häufig Verwendung in der Beratung, bei der Einstufung in der beruflichen Bildung, bei der Karriereplanung, bei der Personalauswahl in Unternehmen oder in der betrieblichen Weiterbildung im Kontext von Personalentscheidungen bzw. bei der Entwicklung von strategischen Kompetenzentwicklungsmaßnahmen. In der Weiterbildung werden Pässe eingesetzt, um eine Standortbestimmung der Lernenden vornehmen und ihre bereits vorhandenen Kompetenzen und Stärken feststellen und transparent machen zu können.

Voraussetzungen

Der Einsatz von Mischverfahren stellt zum Teil hohe Ansprüche an die Weiterbildenden. Die Auswahl der Instrumente, des passenden Kompetenzpasses oder der Elemente eines Assessment-Centers bedarf einer kritischen Auseinandersetzung mit Ziel und Gegenstand der Kompetenzerhebung. Einige Pässe wie z.B. der ProfilPASS können erst nach Absolvierung einer Beraterschulung eingesetzt werden. Die Beobachtung in Assessments muss in der Regel von geschulten Assessoren nach festgelegten, standardisierten Kriterien erfolgen. Abwandlungen von standardisierten Verfahren können jedoch auch von Weiterbildenden eingesetzt werden.

Der „Arbeitskreis Assessment Center" hat neun Qualitätskriterien festgelegt, die als Voraussetzungen für die erfolgreiche Durchführung eines Assessment-Centers gelten.

o Im Vorfeld der Durchführung eines Assessments sollten die zu erfassenden Kompetenzbereiche und das Ziel des Assessments genau festgelegt und die Inhalte dementsprechend geplant werden.

o Die Teilnehmenden werden anhand ihres tatsächlichen Verhaltens bei der Bearbeitung von spezifischen Assessment-Arbeitsaufträgen eingeschätzt.

o Um eine hohe Aussagefähigkeit sicherzustellen, muss das Personal speziell für die Beobachtung im Assessment geschult sein. Außerdem sollten mindestens zwei Beobachter anwesend sein.

o Um vorhandene Kompetenzen und Fähigkeiten beobachten und Entwicklungspotenziale einschätzen zu können, werden reale und typische Anforderungen aus der Arbeitswelt gezielt simuliert.

o Alle Beteiligten sollten über Durchführung, Ziel und Ablauf sowie die abschließende Ergebnisnutzung umfassend informiert sein.

o Jede teilnehmende Person sollte ganz individuell beobachtet und eingeschätzt werden. Es sollte eine Rückmeldung erfolgen.

o Es sollten immer zwei Arbeitsaufträge pro Kompetenzbereich durchgeführt werden, um zu sicheren Ergebnissen kommen zu können.

o Das Verfahren sollte immer an neue Anforderungen und Ziele angepasst werden und laufend weiterentwickelt werden.

o Die Entwicklung, Durchführung und Auswertung eines Assessments stellt in der Regel einen komplexen, dynamischen Prozess dar, dessen Abläufe organisiert werden müssen.

Durchführung bzw. Vorgehen

Im Assessment-Center-Verfahren werden zu Beginn häufig strukturierte **Interviews** eingesetzt, um persönliche Informationen, Wünsche, Interessen und Zukunftsplanungen aus der lebensgeschichtlichen Perspektive aufzudecken. Diese können durch eine Gruppendiskussion ergänzt werden.

Klassische Bestandteile von Assessment-Centern sind darüber hinaus die sogenannten Postkorbübungen, bei der die Person, deren Kompetenzen erfasst werden sollen, unter Zeitdruck viele Entscheidungen treffen muss. Da im Weiterbildungsbereich diese Übung allerdings selten anzutreffen ist, werden wir sie hier nicht weiter ausführen.

Weitere Bestandteile eines Assessment-Centers sind **Rollenspiele, Präsentationsaufgaben** und **Fragebögen.** Sogenannte Intelligenztests sind allerdings nur unter Aufsicht eines Diplom-Psychologen zulässig.

Jedes Assessment-Center schließt mit einem Abschlussgespräch, in dem die Auswertung an die betroffene Person weitergegeben wird. Dies kann z.B. in Form eines Stärkenprofils erfolgen, in dem die erfassten Kompetenzen aufgelistet sind.

Kompetenzpässe haben in der Regel ihr eigenes Dokumentationssystem, das sich je nach Pass, Verfahren und Zielgruppe unterscheidet. Es gibt eine Reihe von Kompetenzpässen, die auf einer Selbsteinschätzung basieren. Diese Pässe sind größtenteils mit dem Instrument des Portfolios identisch. Andere Pässe setzen stärker auf die Kombination verschiedener Erfassungsinstrumente. Bei ihnen werden reflektierende, d.h. dem Portfolio nahekommende Instrumente der Selbsteinschätzung mit beratenden Elementen oder Elementen der Fremdeinschätzung kombiniert.

Die verschiedenen Pässe haben unterschiedliche Schwerpunkte und sprechen unterschiedliche Zielgruppen an. Weiterbildende müssen sich daher je nach Zielsetzung, Kapazität und Zielgruppe zunächst für ein geeignetes Mischverfahren oder einen geeigneten Kompetenzpass entscheiden. Die Angebotspalette der Kompetenzpässe umfasst u.a. die Bereiche:

o   Übergang Schule-Beruf,
o   Berufswahl,
o   Jobwechsel,
o   Lebenslanges Lernen,
o   Wiedereinstieg in den Beruf.

Die folgende Übersicht bietet eine erste Orientierung zu verschiedenen Kompetenzpässen, die wir hier nach Zielgruppen geordnet haben.

ÜBERSICHT

Kompetenzpässe

Kompetenzpässe für Schülerinnen und Schüler:

○ Berufswahlpass
○ Berufswahlpass plus
○ JobMappe Werkstattjahr
○ Kompetenznachweis Kultur
○ Landesnachweis Ehrenamt
○ ProfilPASS für junge Menschen
○ Qualipass Baden-Württemberg

Kompetenzpässe für junge Erwachsene und Studierende

○ Europass
○ Kompetenzbilanz (DJI)
○ Kompetenzbilanz Freiwilliges Engagement
○ Kompetenzbilanz NRW
○ Landesnachweis Ehrenamt
○ Lernpass
○ ProfilPASS
○ Talentpass NRW

Kompetenzpässe für Erwerbstätige und Arbeitssuchende

○ CH-Q Schweizerisches Qualifikationsprogramm
○ Europass
○ Job-Navigator (IG-Metall)
○ Kompetenzbilanz (DJI)
○ Kompetenzbilanz Freiwilliges Engagement
○ Kompetenzbilanz NRW
○ Landesnachweis Ehrenamt
○ ProfilPASS
○ Qualifizierungspass
○ SelbstCheck Beschäftigungsfähigkeit
○ Talentkompass NRW

Quelle: www.bildung.koeln.de

Weitere Informationen zu den Voraussetzungen und Einsatzbedingungen dieser Pässe sind im Internet einfach zu recherchieren.

Vorteile	Nachteile
Mischverfahren bieten höchstmöglichen Variantenreichtum.	Durch die Mischung unterschiedlicher Instrumente ist die Handhabung in der Regel sehr komplex.
Die Aussagekraft der Ergebnisse ist hoch.	Assessment-Center und Kompetenzpässe gehören zu den zeitaufwendigsten Kompetenzerfassungsverfahren.
Kompetenzpässe sind ein unterstützendes Hilfsmittel, z.B. bei Berufswahl und Karriereentwicklung.	Einige Mischverfahren sind kostenintensiv.
Individuelle Kompetenzen können individuell erfasst und beurteilt werden.	Es ist eine Nachbereitung im Sinne einer Stärkung der Stärken sowie zum Abbau der erkannten Schwächen erforderlich.
Nicht-fachliche Kompetenzen finden besondere Berücksichtigung.	Es kann zu Interessenkonflikten kommen.
Potenziale können abgeleitet werden.	Der Vorbereitungs- und Arbeitsaufwand ist hoch.

Tabelle 9: Vor- und Nachteile von Mischverfahren (eigene Darstellung)

Modifikationsmöglichkeiten und Tipps

Gerade im Bereich der Mischverfahren sind die Modifikationsmöglichkeiten groß. Die Instrumente der Befragungsmethode können mit Instrumenten der Beobachtungsmethode oder der Materialanalyse kombiniert werden. So kann ein Beratungsgespräch mit einem Portfolio oder ein Test mit einem Interview kombiniert werden. Im Assessment-Center wird üblicherweise die Beobachtungsmethode in Form von Probehandeln und/oder Rollenspielen mit verschiedenen Instrumenten der Befragungsmethode kombiniert.

An dieser Stelle wollen wir nicht die zahllosen Modifikationsmöglichkeiten im Detail beschreiben, sondern einige typische Mischverfahren beispielhaft erläutern.

BEISPIELE

ProfilPASS

Der ProfilPASS ist eine Passaktivität zur Dokumentation der auf unterschiedlichen Wegen erworbenen Kompetenzen. Bei der Passerstellung werden alle Kompetenzen berücksichtigt, unabhängig von der Art und dem Ort des Kompetenzerwerbs. Die Ermittlung und Dokumentation der Fähigkeiten und Kompetenzen einzelner Personen erfolgt mithilfe des ProfilPASS-Ordners. Es geht um Fähigkeiten, die in der Freizeit, während der Ausbildung, im Ehrenamt, während der Erwerbstätigkeit oder in der Familienphase erworben wurden. Fünf Kapitel helfen, persönliche Stärken zu erkennen und weiterzuentwickeln.

Ein wichtiger Bestandteil des ProfilPASS-Systems ist die professionelle Begleitung. Diese wird durch qualifizierte Kursleitende geleistet. Durch gezielte Fragen fördern sie den Reflexionsprozess und die Präzisierung der eigenen Fähigkeiten und Kompetenzen. Eine solche Begleitung kann als Einzelberatung oder innerhalb einer Gruppe im Rahmen von speziellen ProfilPASS-Kursen stattfinden.

Beim Einsatz des ProfilPASSes geht es darum, einen Blick auf das eigene Leben zu werfen. An welchen unterschiedlichen Orten und in welchen Zusammenhängen war der Lernende bisher tätig und was erscheint heute davon wichtig? So bietet der ProfilPASS-Ordner Platz für Zeugnisse, Teilnahmebescheinigungen und alle anderen Nachweise. Abschließend geht es auch um die eigenen Wünsche und persönlichen Ziele der Lernenden sowie um daraus abzuleitende Entwicklungsperspektiven.

Der ProfilPASS Plus ist ein ergänzendes Instrument. Er enthält über die genannten Elemente hinaus auch Hinweise auf andere Möglichkeiten, die eigenen Kompetenzen überprüfen zu lassen, Hinweise für Bewerbungen und viele andere Informationen.

Der ProfilPASS wurde im Rahmen eines Projekts der Bund-Länder-Kommission für Bildungsplanung und Forschungsförderung (BLK) zur Förderung des Lebenslangen Lernens entwickelt und erprobt.

Weitere Informationen über das ProfilPASS-System und über Seminaranbieter im Internet: **www.profilpass-online.de**

MELBA

Ein Instrument zur beruflichen Rehabilitation und Integration ist das Instrument MELBA. Es wird zur zielgruppenspezifischen Kompetenzerfassung im Rahmen der beruflichen Orientierung eingesetzt. Dem Instrument liegen für insgesamt 29 Merkmale Definitionen zugrunde, die mittlerweile auch in viele andere Verfahren zur Kompetenzfeststellung eingeflossen sind. MELBA ist ein Verfahren, mit dem einerseits Fähigkeiten und andererseits die Anforderungen einer Tätigkeit dokumentiert werden können. Dazu stellt das Verfahren ein Fähigkeits- und ein Anforderungsprofil bereit. Der Vergleich dieser beiden Profile ermöglicht dann eine fähigkeitsadäquate Platzierung.

Weitere Informationen über MELBA im Internet: **www.melba.de**

BEISPIELE

DIA-TRAIN

Ein weiteres Mischverfahren im Sinne eines Assessment-Centers ist das Instrument DIA-TRAIN – DIAgnose und TRAINing. Es wurde vom Institut für berufliche Bildung, Arbeitsmarkt- und Sozialpolitik GmbH (INBAS) entwickelt und bietet als Teil der Kompetenzerfassung ein Assessment an. DIATRAIN ist so konzipiert, dass es motiviert und zu Eigenaktivität anregt. Dazu werden sieben verschiedene Verfahren angewandt: Sozialtraining, ein biographisches Interview, ein Kreativitätstraining, erlebnispädagogische Übungen, ein zweitägiges Assessment-Center mit neun Aufträgen, ein Lerntraining sowie eine Zukunftswerkstatt.

Weitere Informationen über DIA-TRAIN im Internet: **www.ausbildungsvorbereitung.de/diatrain**

KEN – Kompetenz-Erfassungs-Notebook

Das Kompetenz-Erfassungs-Notebook ist ein Mischverfahren zur Integration von erwachsenen Migrantinnen und Migranten in Deutschland. Ziel dieses Instruments ist es, Kompetenzen zu erfassen, einzuschätzen und in Form eines auf Kompetenzdarstellung orientierten Lebenslaufs zu dokumentieren. Die Kompetenzerfassung wird direkt mit den Arbeitsprozessen verbunden. Kompetenzen werden im Prozess der Arbeit sichtbar und sollen dort auch erfasst und dokumentiert werden. Der Ansatz der Kompetenzerfassung stützt sich methodisch auf die Mischung von drei Instrumenten:

o die Kompetenzerfassung durch Beobachtung im Prozess der Arbeit,

o eine Selbsteinschätzung der Kompetenzen durch die Migrantinnen und Migranten selbst sowie

o den Einsatz eines kompetenzbiographischen Interviewverfahrens zur Reflexion und Selbstreflexion der im Lebenslauf erworbenen Kompetenzen.

Um den Prozess der Kompetenzerfassung zu unterstützen, wird ein webbasiertes Verfahren genutzt: das Kompetenz-Erfassungs-Notebook KEN, das die Migrantinnen und Migranten bei der Aufarbeitung und Darstellung vorhandener Kompetenzen unterstützen soll.

Weitere Informationen über KEN im Internet: **www.bagkes.de/kes/data/KEN-fly06.pdf**

Weiterführende Literatur und Links

Fay, E. (Hrsg.) (2002): Das Assessment-Center in der Praxis. Konzepte – Erfahrungen – Innovationen. Göttingen

Kleinmann, M. (2003): Assessment-Center. Praxis der Personalpsychologie. Göttingen

Obermann, C. (2006): Assessment Center. 3. Aufl. Wiesbaden

Sarges, W. (2006): Management-Diagnostik. In: Petermann, F./Eid, M. (Hrsg.) (2006): Psychologische Diagnostik. Göttingen, S. 739–746

Online-Wegweiser zu Kompetenzpässen: www.bildung.koeln.de/beratung/kompetenz-paesse/index.html

7. Fazit

Ein Prozess des Umdenkens ist erforderlich: Bestand bisher die Kernaufgabe eines Weiterbildenden darin, Weiterbildungsveranstaltungen zu planen und durchzuführen, so kommt in Zukunft die Aufgabe hinzu, die in den unterschiedlichen Lernprozessen erworbenen Kompetenzen zu erfassen, zu dokumentieren und gegebenenfalls zu zertifizieren. Die individuellen Kompetenzen der Teilnehmenden müssen in verschiedenen Situationen, wie z.B. in der Beratung, in der Einstufung, in der Lernprozess- und Erfolgskontrolle oder letztlich in der Überprüfung der Lernergebnisse erfasst werden.

Auch bildungspolitisch ist die Bedeutung von Kompetenzerfassung in der Weiterbildung klar erkennbar. Vor allem in der Diskussion über die Entwicklung eines Nationalen Qualifikationsrahmens (NQR) besteht in Deutschland Konsens darüber, dass Lebenslanges Lernen zu fördern und die Beschäftigungsfähigkeit der Individuen von Transparenz, Durchlässigkeit und Kompetenzorientierung von Qualifikationen abhängig ist. Das setzt auch für die Weiterbildung voraus, dass Bildungsangebote kompetenzorientiert angelegt sind und die Erfassung – und zukünftig auch die Zertifizierung – informell erworbener Kompetenzen berücksichtigt werden. Die Frage der Anrechenbarkeit von Lernleistungen außerhalb des formalen Systems ist dabei zwar noch nicht endgültig geklärt, es bleibt aber zu hoffen, dass künftig Regelungen getroffen werden, auch informell und non-formal erworbene Kompetenzen anrechenbar zu machen.

Kompetenz und Kompetenzentwicklung sind zu aktuellen Themen in der Weiterbildung geworden und werden häufig als Chiffren für eine sich verändernde Lernkultur und für einen Paradigmenwechsel vom Lehren zum Lernen eingesetzt. Längst ist klar, dass Lernen nicht nur in formalisierten Kontexten und an räumlich sowie zeitlich fixierten Orten stattfindet und Kompetenzen zu einem großen Teil auf informellem Wege erworben werden. Klar ist dadurch auch, dass eine stärkere Orientierung am Output statt am Input erforderlich ist. Unklar ist jedoch oft noch, wie dieses Umdenken vom Input zum Output in der Weiterbildungsrealität umgesetzt werden kann und wie Lernergebnisse transparent gemacht und erfasst werden können.

In unterschiedlichen Situationen und zu unterschiedlichen Zwecken die Kompetenzen von Weiterbildungsteilnehmenden zu erfassen, ist ein Schritt in Richtung Output-Orientierung. Wenn Weiterbildende die tatsächlichen Fähigkeiten und Kompetenzen bzw. die Gesamtheit des Lernerfolgs eines Teilnehmenden in den Blick nehmen wollen, so ist dies allein durch den Einsatz von verschiedenen Methoden und Instrumenten der Kompetenzerfassung möglich.

Mit diesem Buch wollten wir Ihnen die Möglichkeiten der Kompetenzerfassung näherbringen. Sie haben erfahren, was Kompetenzen und Kompetenzentwicklung sind, welche Bereiche und Ziele der Kompetenzerfassung es in der Weiterbildung gibt, welche Kompetenzerfassungsmethoden und -instrumente für die Weiterbildungspraxis geeignet sind und welche diagnostische Kompetenz seitens der Weiterbildenden für die Durchführung von Kompetenzerfassung erforderlich ist. Mithilfe von Checklisten, mit unseren Beispielen und Formularen zum Ausfüllen, mit den Fragebögen und Basisinformationen haben wir nicht nur das Instrumentarium der Kompetenzerfassung für die Weiterbildungspraxis beschrieben, sondern Material zur Verfügung gestellt, dass Ihnen die Kompetenzerfassung und den Einsatz der Instrumente in Ihrem Praxisfeld erleichtern soll. Wir hoffen, dass wir Ihnen so mit diesem Buch das nötige Rüstzeug an die Hand geben konnten, selbst Kompetenzerfassung durchzuführen, und wünschen Ihnen dabei viel Erfolg und Freude.

Glossar

Assessment-Center

Abteilung eines Unternehmens, das im Rahmen von sogenannten Mischverfahren unterschiedliche Methoden und Instrumente der Kompetenzerfassung zwecks Erhöhung der objektiven Aussagekraft bei der Kompetenzfeststellung einsetzt. Hierbei geht es in erster Linie um das Testen spezifischer Fähigkeiten, Stärken und Potenziale. Assessment-Verfahren finden häufig Verwendung in der Beratung und werden zur Einstufung der beruflichen bzw. betrieblichen Bildung, zur Karriereplanung, zur Unterstützung bei Personalentscheidungen oder zur Ableitung von strategischen Kompetenzentwicklungsmaßnahmen eingesetzt.

Beobachtung

Systematische und zielgerichtete Wahrnehmung von (sozialen) Vorgängen und vorab definierten Objekten.

Beratung

Strukturiertes Gespräch oder kommunikativer Austausch (z.B. Telefonat, Brief, E-Mail). Unter Anwendung verschiedener methodischer Hilfen und unter Anleitung eines Experten ist eine Problemlösung oder Problemannäherung das Ziel der Beratungskommunikation.

Beurteilung

Schriftlich fixierte Fremdbewertung, die sowohl Fachkompetenzen als auch überfachliche Kompetenzen bewertet.

Diagnostische Kompetenz

Möglichst präzise Erfassung der individuellen Fähigkeiten von Weiterbildungsteilnehmenden.

Einstufung

Feststellung der individuellen Niveaustufen der Teilnehmenden an Weiterbildungsangeboten durch Fremd- oder Selbsteinschätzung. Zu diesem

Zweck werden unter anderem Gespräche, standardisierte Tests oder Fragebögen eingesetzt.

Evaluation

Evaluation ist das methodische Erfassen und das begründete Bewerten von Bildungsergebnissen. Das Ziel ist die effektive Wirkungskontrolle und die optimierte Steuerung und Reflexion von Bildungsprozessen.

Formales Lernen

Institutionelles Lernen, beispielsweise in der Schule oder der Universität. Das formale Lernen zielt vor allem auf den Erwerb von Zertifikaten, Zeugnissen und Abschlüssen. Um ein Zertifikat oder einen Abschluss zu erreichen, muss eine externe, staatlich anerkannte Prüfung absolviert werden, die die Berechtigung für den Einstieg in andere Bildungsgänge oder die Ausübung einer Berufstätigkeit ermöglicht.

Fremdeinschätzung

Bei einer Fremdeinschätzung werden die Kompetenzen einer Person durch Dritte beurteilt.

Gültigkeit

Gültigkeit bzw. „Validität" ist das wichtigste Gütekriterium. Hierbei geht es darum, sicherzustellen, dass der Test tatsächlich das misst, was er zu messen beabsichtigt.

Informelles Lernen

Informelle Lernprozesse werden von den Lernenden selbst organisiert und basieren, wie formale und non-formale Lernwege, auf festgelegten Zielen innerhalb der Lernverläufe. Diese Art des Lernens findet in allen Lebensräumen statt: im beruflichen und ehrenamtlichen Bereich, im Familien- und im Freundeskreis. Die Lernenden wissen, dass sie lernen, sie haben konkrete Lernabsichten und können die Lernhandlung von anderen Aktivitäten abgrenzen. Hierbei wird der Lernerfolg nicht durch einen Abschluss oder ein Zertifikat bescheinigt.

Instrument

Hilfsmittel bzw. Werkzeug, das im Zusammenhang mit einer Methode zielgerichtet verwendet wird.

Kompetenz

Fähigkeit bzw. Potenzial zur erfolgreichen Bewältigung komplexer Anforderungen in spezifischen Situationen. Kompetentes Handeln schließt einen angemessenen Einsatz von Wissen und Fertigkeiten sowie Werten, Motivationen und Persönlichkeitseigenschaften des Individuums ein.

Kompetenzentwicklung

Prozess, in dem das Subjekt seine fachlichen, sozialen, methodischen und/ oder personalen Kompetenzen erweitert, aktualisiert und verfeinert.

Kompetenzerfassung

Kompetenzerfassung ist das mithilfe verschiedener qualitativer und/oder quantitativer Methoden ermöglichte Erkennen, Einordnen, Bewerten und Dokumentieren von Kompetenzen.

Kompetenzpässe

Mischverfahren zur Erfassung und Dokumentation von Kompetenzen. Die verschiedenen Pässe haben unterschiedliche Schwerpunkte und sprechen unterschiedliche Zielgruppen an. Die Angebotspalette der Kompetenzpässe umfasst u. a. die Bereiche Übergang Schule-Beruf, Berufswahl, Jobwechsel, Lebenslanges Lernen, Wiedereinstieg in den Beruf.

Leistungsüberprüfung

Die Überprüfung der Leistung von Teilnehmenden in Weiterbildungsveranstaltungen wird vorgenommen, um eine Aussage über die potenzielle Umsetzung erworbener Kompetenzen in Berufs- oder Alltagssituationen zu ermöglichen. Leistungsüberprüfung ist insofern mit Kompetenzerfassung gleichzusetzen.

Lernen „en passant"

Implizites Lernen, das nicht-intentional und spontan vollzogen wird. Es ermöglicht situatives Agieren und Reagieren, das Erreichen bestimmter Ziele und das Lösen akuter Probleme. Dieses Lernen ist sehr komplex und wird in den meisten Fällen nicht bewusst registriert und ist daher nicht verbalisierbar.

Lernprozess- und Erfolgskontrolle

Überprüfungen der Lernergebnisse, -erfolge oder -misserfolge. Es gibt eine Reihe von Methoden und Instrumenten, die zum Zwecke der Lernprozess- und Erfolgskontrolle zumeist am Ende einer Veranstaltung oder Maßnahme eingesetzt werden.

Lerntagebuch

Dokument, in dem Arbeitsschritte und -materialien, Lernfortschritte und -probleme sowie -ergebnisse kreativ, selbstbestimmt und den Lernprozess begleitend festgehalten werden. Das Lerntagebuch ist ein Evaluationsinstrument innerhalb der Lernprozesskontrolle. Durch die Erstellung eines derartigen Dokuments werden die eigenen Lernfortschritte und Kompetenzen sowohl durch Selbst- als auch durch Fremdevaluation ermittelt.

Methode

Weg, Möglichkeit oder bestimmte Art des Vorgehens zur Zielerreichung.

Mischverfahren

Kompetenzerfassungsansätze, die verschiedene Erfassungsinstrumente miteinander kombinieren, um zur Erhöhung der Objektivität und der Aussagekraft der Untersuchung beizutragen. Kompetenzpässe und Assessment-Center sind dabei die strukturiertesten Formen solcher Mischverfahren.

Neue Lehr- und Lernkulturen

Ansätze, die auf die Ermöglichung und Unterstützung von Selbststeuerung, Selbstbestimmung und Selbstorganisation von Lernprozessen zielen. Als übergeordnetes Kennzeichen der neuen Ansätze können die Distanzierung von der „Herstellerperspektive" und die Anlehnung an die sogenannte „Ermöglichungsdidaktik" bestimmt werden. Weiterbildende werden als „Ermöglicher" von Lernprozessen und weniger als „Erzeuger" von Wissen bezeichnet.

Non-formales Lernen

Non-formales oder nicht-formales Lernen findet im Rahmen von institutionalisierten Lernwegen, aber außerhalb des regulären Bildungssystems statt. Bildungsanbieter sind beispielsweise Volkshochschulen, Betriebe und Vereine. Lehrende werden von geschultem Personal unterrichtet und können einen Abschluss oder ein Zeugnis erlangen.

Objektivität

Grad der Unabhängigkeit der Ergebnisse eines Tests. Die Durchführung, Auswertung und Interpretation des Tests darf gemäß den Regeln guter wissenschaftlicher Praxis nicht durch die durchführenden Personen oder durch Dritte bewusst beeinflusst und damit verfälscht werden.

Portfolio

Zusammenstellung von Dokumenten, die entweder einen Lernprozess oder die Lernbiographie bzw. Ausschnitte aus der Lernbiographie einer Person dokumentieren. Es können fünf verschiedene Portfoliotypen unterschieden werden: das Arbeitsportfolio, das Entwicklungsportfolio, das Vorzeigeportfolio, das Beurteilungsportfolio und das Bewerbungsportfolio.

Professionalitätsentwicklung

Professionalitätsentwicklung bedeutet im Kontext von Qualitätssicherung das zur professionellen Ausübung der verschiedenen Tätigkeiten in der Weiterbildung notwendige erwachsenenpädagogische Wissen zu beschreiben und die erforderlichen erwachsenenpädagogischen Kompetenzen zu benennen und kritisch zu reflektieren. Zudem soll im Zuge einer Professionalitätsentwicklung das Weiterbildungspersonal dabei unterstützt und gefördert werden, die nötigen Kompetenzen aufzubauen und/oder zu aktualisieren.

Prüfung

Arrangierte Situation, in der Leistungen abgefragt oder Handlungen simuliert werden, die im Beruf oder im Alltag Anwendung finden sollen. Erworbene Kompetenzen, also Wissen, Können, Dispositionen etc. sollen gemessen werden. Ziel ist eine Zertifizierung der erworbenen Leistungen. Die Werte der Zertifizierung sollen später eine Aussage über (mögliche) Handhabungen von beruflichen oder alltäglichen Situationen ermöglichen.

Qualifikation

Kenntnisse und Fähigkeiten, die in organisierten Bildungsprozessen erworben wurden. Der erfolgreiche Erwerb von Qualifikationen wird in der Regel durch Prüfungen evaluiert und zertifiziert.

Selbsteinschätzung

Aufforderung an eine Person, ihre tatsächlichen Kompetenzen zu beurteilen. Dabei wird davon ausgegangen, dass eine Person ihre jeweiligen Kompetenzen selbst am besten einschätzen und bewerten kann.

Test

Schriftliche Befragung, die zu den bekanntesten, häufigsten und vielfältigsten Instrumenten der Kompetenzerfassung zählt. Die in der Weiterbildungspraxis eingesetzten Tests variieren u. a. in Hinblick auf Beurteilungsformen und Aufgabentypen.

Zertifizierung

Schriftlich festgehaltene Fremdbewertung, die überwiegend an fachlichen Kompetenzen orientiert ist und mit der Ausstellung eines Zeugnisses oder Zertifikats endet. Kompetenzpässe zielen auch auf die Zertifizierung überfachlicher Kompetenzen.

Zuverlässigkeit

Auch „Reliabilität". Bezeichnet den Grad der Genauigkeit, mit dem ein geprüftes Merkmal tatsächlich gemessen wird. Als ideal gilt, wenn bei einer Wiederholung des Tests das gleiche Ergebnis erreicht wird.

Literatur

Apel, H. (2003): Onlinejournal – Lernreflexion online. URL: www.medienpaed.com/03-1/apel03-1.pdf (Stand: 20.07.09)

Arnold, R./Gieseke, W./Zeuner, C. (Hrsg.) (2009): Bildungsberatung im Dialog, Bd. I. Theorie – Empirie – Reflexion. Baltmannsweiler

Arnold, R./Gómez Tutor, C. (2007): Grundlinien einer Ermöglichungsdidaktik: Bildung ermöglichen – Vielfalt gestalten. Augsburg

Bachmair, S. u. a. (2007): Beraten will gelernt sein. Ein praktisches Lehrbuch für Anfänger und Fortgeschrittene. Weinheim/Basel

Bernien, M. (1997): Anforderungen an qualitative und quantitative Darstellungen der beruflichen Kompetenzentwicklung. In: Arbeitsgemeinschaft Qualifikations-Entwicklungs-Management (Hrsg.): Kompetenzentwicklung '97. Berufliche Weiterbildung in der Transformation – Fakten und Visionen. Münster u. a., S. 17–83

Bortz, J./Döring, N. (2002): Forschungsmethoden und Evaluation für Human- und Sozialwissenschaftler. Heidelberg

Bräuer, G. (2002): Reformen durch Portfolios? URL: www.ph-freiburg.de/zentrale-einrichtungen/schreibzentrum/archiv/portfolio.html (Stand: 20.07.2009)

Bretschneider, M. (2006): Kompetenzentwicklung aus der Perspektive der Weiterbildung. URL: www.die-bonn.de/doks/bretschneider0601.pdf (Stand: 20.07.09)

Bundesministerium für Bildung und Forschung (Hrsg.) (2004): Weiterbildungspass mit Zertifizierung informellen Lernens. Machbarkeitsstudie im Rahmen des BLK-Verbundprojektes. Berlin

Danielson, C./Abrutyn, L. (1997): An Introduction to Using the Portfolio in the Classroom. Alexandria

Deutsches Institut für Erwachsenenbildung/Deutsches Institut für Internationale Pädagogische Forschung/Institut für Entwicklungsplanung und Strukturforschung GmbH an der Universität Hannover (2006): BLK-Verbundprojekt „Weiterbildungspass mit Zertifizierung informellen Lernens". Endbericht der Erprobungs- und Evaluationsphase. Frankfurt a.M.

Dietrich, S./Herr, M. (Hrsg.) (2005): Support für neue Lehr- und Lernkulturen. Bielefeld

Döring, K.W. (2008): Handbuch Lehren und Trainieren in der Weiterbildung. Weinheim/Basel

Efimova, L. (2004): Learning Webs: Learning in Weblogs Networks. URL: https://doc.novay.nl/dsweb/Get/Document-35344 (Stand: 20.07.09)

E-Portfolio: www.mahara.at/view/view.php?id=2610 (Stand: 20.07.2009)

Erpenbeck, J./Rosenstiel, L. v. (2003): Handbuch Kompetenzmessung. Erkennen, verstehen und bewerten von Kompetenzen in der betrieblichen, pädagogischen und psychologischen Praxis. Stuttgart

Faulstich, P. (2002): „Selbstbestimmtes Lernen" – vermittelt durch Professionalität der Lehrenden. URL: www.die-bonn.de/SELBER/materialien/Assets/ProfessSelbst.pdf (Stand: 20.07.09)

Fay, E. (Hrsg.) (2002): Das Assessment-Center in der Praxis. Konzepte – Erfahrungen – Innovationen. Göttingen

Fehlau, S. (2007): Gestaltung und Durchführung eines Tests. In: Kaiser, A. u. a. (Hrsg.): Kursplanung, Lerndiagnose und Lernberatung. Bielefeld, S. 89–97

Ferber, K. (2007): Lerntagebuch in einem reflexionsorientierten Seminar. Lerntagebuch am Beispiel eines ambulanten Fastenkurses in einer Familienbildungsstätte. In: Kaiser, A. u. a. (Hrsg.): Kursplanung, Lerndiagnose und Lernberatung. Handreichung für die Bildungspraxis. Bielefeld, S. 98–109

Gieseke, W. (2000): Beratung in der Weiterbildung – Ausdifferenzierung der Beratungsbedarfe. In: Nuissl, E./Schiersmann, C./Siebert, H. (Hrsg.): Report. Literatur- und Forschungsreport, H. 46: Beratung, S. 10–17

Gläser-Zikuda M./Hascher, T. (2007a): Zum Potenzial von Lerntagebuch und Portfolio. In: Dies.: Lernprozesse dokumentieren, reflektieren und beurteilen. Lerntagebuch und Portfolio in Bildungsforschung und Bildungspraxis. Bad Heilbrunn, S. 9–21

Gläser-Zikuda, M./Hascher, T. (Hrsg.) (2007b): Lernprozesse dokumentieren, reflektieren und beurteilen. Lerntagebuch und Portfolio in Bildungsforschung und Bildungspraxis. Bad Heilbrunn.

Gnahs, D. (2002): Die Rolle der Lehrenden im Wandel. In: Faulstich, P. u. a. (Hrsg.): Praxishandbuch Selbstbestimmtes Lernen. Konzepte, Perspektiven und Instrumente für die berufliche Aus- und Weiterbildung. München, S. 115–120

Gnahs, D. (2006): Kompetenzmessung bei Erwachsenen – Zum Stand von PIAAC. In: Grotlüschen, A./Linde, A. (Hrsg.): Literalität, Grundbildung oder Lesekompetenz? Beiträge zu einer Theorie-Praxis-Diskussion. Münster u. a., S. 25–30

Gnahs, D. (2007): Kompetenzen – Erwerb, Erfassung, Instrumente. Bielefeld

Gührs, M./Nowak, C. (2006): Das konstruktive Gespräch. Ein Leitfaden für Beratung, Unterricht und Mitarbeiterführung mit Konzepten der Transaktionsanalyse. Meezen

Häcker, T./Dumke, J./Schallies, M. (2002): Weiterentwicklung der Lernkultur: Portfolio als Entwicklungsinstrument für selbstbestimmtes Lernen. In: Informationsschrift zur Lehrerbildung, Lehrerfortbildung und pädagogischen Weiterbildung, H. 63, S. 8–18

Hartig, J./Klieme, E. (Hrsg.) (2007): Möglichkeiten und Voraussetzungen technologiebasierter Kompetenzdiagnostik. Eine Expertise im Auftrag des BMBF. Bonn/Berlin

Helmke, A./Hosenfeld, I./Schrader, F.W. (2004): Vergleichsarbeiten als Instrument zur Verbesserung der Diagnosekompetenz von Lehrkräften. In: Arnold, R./Griese, C. (Hrsg.): Schulmanagement und Schulentwicklung. Baltmannsweiler, S. 119–144

Hof, C. (2002): Von der Wissensvermittlung zur Kompetenzentwicklung in der Erwachsenenbildung. In: Nuissl, E./Schiersmann, C./Siebert, H. (Hrsg.): Report. Literatur- und Forschungsreport Weiterbildung, H. 49: Kompetenzentwicklung statt Bildungsziele? S. 80–89

Jäger, R.S. (2006): Diagnostische Aufgaben und Kompetenzen von Lehrkräften. In: Arnold, K.-H./Sandfuchs, U./Wiechmann, J. (Hrsg.): Handbuch Unterricht. Bad Heilbrunn, S. 631–638

Jäger, R.S. (2007): Beobachten, beurteilen und fördern! Lehrbuch für die Aus-, Fort- und Weiterbildung. Landau

Jones, J.E. (1994): Portfolio Assessment as a Strategy for Self-Direction in Learning. New Directions for Adult and Continuing Education, H. 64, S. 23–29

Käpplinger, B./Reutter, G. (2005): Förderliche und hemmende Faktoren bei der Etablierung von Kompetenzbilanzierungen. In: ABWF/QUEM (Hrsg.): Kompetenzdokumentationen für informell erworbene berufsrelevante Kompetenzen. Berlin, S. 119–152

Kaiser, A. u.a. (Hrsg.) (2007): Kursplanung, Lerndiagnose und Lernberatung. Handreichung für die Bildungspraxis. Bielefeld

Kaufhold, M. (2006): Kompetenz und Kompetenzerfassung. Analyse und Beurteilung von Verfahren der Kompetenzerfassung. Wiesbaden

Kemper, M./Klein, R. (1998): Lernberatung. Gestaltung von Lernprozessen in der beruflichen Weiterbildung. Baltmannsweiler

Klein, R./Alke, M. (2009): Lernberatung und Kompetenzentwicklung: „Ich hatte immer eine Vision im Kopf, wie Lernen stattfinden müsste…" In: Dobischat, R./Bolder, A. (Hrsg.): Eigen-Sinn und Widerstand. Kritische Beiträge zum Kompetenzentwicklungsdiskurs. Wiesbaden, S. 243–259

Kleinmann, M. (2003): Assessment-Center. Praxis der Personalpsychologie. Göttingen

Knoll, J. (2008): Lern- und Bildungsberatung. Professionell beraten in der Weiterbildung. Bielefeld

Kraft, S./Seitter, W./Kollewe, L. (2009): Professionalitätsentwicklung des Weiterbildungspersonals. Bielefeld

Lienert, G.A./Raatz, U. (1998): Testaufbau und Testanalyse. Weinheim

Meier-Gantenbein, K.F./Späth, T. (2006): Handbuch Bildung, Training und Beratung. Zehn Konzepte der professionellen Erwachsenenbildung. Weinheim/Basel

Möding, N./Stickel, M. (2007): Schweizerisches Qualifikationshandbuch. In: Erpenbeck, J./Rosenstiel, L. v. (Hrsg.): Handbuch Kompetenzmessung. Erkennen, verstehen und bewerten von Kompetenzen in der betrieblichen, pädagogischen und psychologischen Praxis. Stuttgart

Nestmann, F. (2004): Beratung zwischen alltäglicher Hilfe und Profession. In: Nestmann, F./Engel, F./Sieckendiek, U. (Hrsg.): Das Handbuch der Beratung, Bd. 1: Disziplinen und Zugänge. Tübingen, S. 547–558

Nestmann, F./Engel, F./Sieckendiek, U. (Hrsg.): Das Handbuch der Beratung, Bde. 1/2: Disziplinen und Zugänge. Tübingen

Nuissl, E./Brandt, P. (2009): Porträt Weiterbildung Deutschland. 4., akt. u. überarb. Aufl. Bielefeld

Nuissl, E./Schiersmann, C./Siebert, H. (Hrsg.) (2002a): Report. Literatur- und Forschungsreport Weiterbildung, H. 49: Kompetenzentwicklung statt Bildungsziele?

Nuissl, E./Schiersmann, C./Siebert, H. (2002b): Editorial. In: Dies. (Hrsg.): a.a.O., S. 5

Obermann, C. (2006): Assessment Center. Wiesbaden

Online-Wegweiser Kompetenzpässe: www.bildung.koeln.de/beratung/kompetenzpaesse/index.html (Stand: 20.07.2009)

Organisation for Economic Co-operation and Development (2003): Definition and Selection of Key Competencies: Executive Summary. Paris. URL: www.oecd.org/dataoecd/47/61/35070367.pdf (Stand: 20.07.2009)

Pehl, K. (1983): Evaluation als Planungsinstrument – Beispiele aus der Curriculumentwicklung. In: Gerl, H./Pehl, K. (Hrsg.): Evaluation in der Erwachsenenbildung. Bad Heilbrunn, S. 93–192

ProfilPASS: http://profilpass-online.de (Stand: 20.07.2009)

Rambow, R. (2008): Hinweise zur Erstellung des „Lerntagebuchs". URL: www.psy.uni-muenster.de/Psychologie.inst3/AEbromme/service/leitfaden/lerntagebuch.html (Stand: 20.07.09)

Reuther, U./Leuschner, H. (1997):Kompetenzentwicklung für den wirtschaftlichen Wandel – Strukturveränderungen der betrieblichen Weiterbildung. In: Arbeitsgemeinschaft Qualifikations-Entwicklungs-Management (Hrsg.): Kompetenzentwicklung '97. Berufliche Weiterbildung in der Transformation – Fakten und Visionen. Münster u. a., S. 365–394

Sarges, W. (2006): Management-Diagnostik. In: Petermann, F./Eid, M. (Hrsg.) (2006): Psychologische Diagnostik. Göttingen, S. 739–746

Schiersmann, C. (2007): Berufliche Weiterbildung. Wiesbaden

Schiersmannn, C./Remmele, H. (2004): Beratungsfelder in der Weiterbildung. Eine empirische Bestandsaufnahme. Baltmannsweiler

Sprachenportfolio: www.coe.int/t/dg4/portfolio (Stand: 20.07.2009)

Tietgens, H./Hirschmann, G./Bianchi, M. (Hrsg.) (1974): Ansätze zu einem Baukastensystem. Braunschweig

Uemminghaus, M. (2007): Arten von Lernstandortbestimmung. In: Kaiser, A. u. a. (Hrsg.): Kursplanung, Lerndiagnose und Lernberatung. Bielefeld, S. 41–68

Vonken, M. (2005): Handlung und Kompetenz. Wiesbaden

Weiß, R. (1999): Erfassung und Bewertung informell erworbener Kompetenzen – empirische und konzeptionelle Probleme. In: Arbeitsgemeinschaft Qualifikations-Entwicklungs-Management (Hrsg.): Kompetenzentwicklung '99. Aspekte einer neuer Lernkultur. Argumente, Erfahrungen, Konsequenzen. Münster u. a., S. 433–493

Winter, F. (2007): Fragen und Leistungsbewertung beim Lerntagebuch und Portfolio. In: Gläser-Zikuda M./Hascher, T. (Hrsg.): Lernprozesse dokumentieren, reflektieren und beurteilen. Lerntagebuch und Portfolio in Bildungsforschung und Bildungspraxis. Bad Heilbrunn, S. 109–129

Verzeichnis der Abbildungen und Tabellen

Abbildungen

Tabellen

Autorinnen

Anne Strauch ist seit 2004 wissenschaftliche Mitarbeiterin am Forschungs-
und Entwicklungszentrum des Deutschen Instituts für Erwachsenenbildung – Leibniz-Zentrum für Lebenslanges Lernen (DIE) in Bonn. Sie leitet
dort das Programm „Professionalität" und arbeitet in verschiedenen Projekten, aktuell u.a. im Projekt „Kompetenzmessung in der Weiterbildung"
und im europäischen Projekt „Flexible professionalisation pathways for
adult educators between the 6th and 7th level of EQF".

Ewelina Mania ist seit 2007 am Forschung- und Entwicklungszentrum des
Deutschen Instituts für Erwachsenenbildung – Leibniz-Zentrum für Le-
benslanges Lernen (DIE) in Bonn beschäftigt. Sie arbeitet dort im Projekt
„Kompetenzmessung in der Weiterbildung" mit.

Stefanie Jütten ist seit 2008 am Forschung- und Entwicklungszentrum des
Deutschen Instituts für Erwachsenenbildung – Leibniz-Zentrum für Le-
benslanges Lernen (DIE) in Bonn beschäftigt. Sie arbeitet dort im Projekt
„Kompetenzmessung in der Weiterbildung" mit.